KB260601

교회사회복지의 철학과 방법

교회사회복지의 철학과 방법

초판 1쇄 인쇄 2005년 8월 25일
초판 1쇄 발행 2005년 8월 30일

지은이 / 김성이 유순도 이창희 김종인
　　　　김광빈 황옥경 김병삼 박현정
펴낸곳 / 나눔의집출판사
펴낸이 / 박정희
주　소 / 156-713 서울특별시 동작구 신대방 2동 395-69
　　　　아카데미타워 3004호
전　화 / 02-835-7845~7
팩　스 / 02-847-7846
Nanum@ncbook.co.kr

값 12,000원
ISBN 89-5810-063-X   93330

● 파본은 구입하신 곳에서 교환해 드립니다.

교회사회복지의 철학과 방법

김성이 유순도 이창희 김종인
김광빈 황옥경 김병삼 박현정

사회복지
전문출판 나눔의 집

예수님은 눈먼 자에게 눈을 뜨게 하시고 굶주린 자에게는 먹을 것을 베풀어 주셨습니다. 영락사회복지재단에서는 이러한 예수님의 이웃 사랑을 실천하려고 노력하고 있습니다. 특히 영락교회 한경직 목사님께서는 신의주에서부터 돌볼 사람이 없는 아동과 노인을 돌보기 위하여 1939년 신의주 보린원을 설립하셨습니다. 이를 바탕으로 현재 영락보린원, 영락모자원, 영락경로원, 합실어린이집, 영락어린이집, 영락가정봉사원파견센터, 영락요양원, 영락애니아의 집, 영락의 집, 영락노인주간보호센터를 운영하고 있습니다.

금번에 영락사회복지재단은 70주년을 앞두고 산하 시설의 현황을 조사하여, 발전방안을 모색하였습니다. 그리고 한국 기독교 역사 120년 만에 개최하는 기독교사회복지 EXPO 2005를 기념하여, 연구보고서를 발간하였습니다.

그 결실로 성서에 바탕을 둔 사회복지모델 SILOAM 모델과 실천 방법에 관한 연구보고서를 발간하게 되었습니다. 이 책이 '교회가 어떻게 지역사회를 섬길 것인가'에 대하여 고민하며 헌신하는 사역자와 교회에게 도움이 되기를 기도합니다.

그동안 이 책의 발간을 위하여 수고해 주신 많은 분들께 진심으로 감사드립니다. 특히 영락사회복지재단의 이사 김성이 교수와 유순도 원장, 이창희 교수, 김종인 교수, 김광빈 원장, 황옥경 교수 그리고 박현정 연구원, 윤영 선생과 본 법인 산하시설의 시설장 및 김병삼 사무국장 등 모든 직원에게 깊이 감사를 드립니다. 또한 이 책을 흔쾌히 출판할 수 있도록 해 주신 나눔의 집 출판사에 감사를 드립니다.

영락사회복지재단 이사장 박 광 준

　"네 이웃을 내 몸과 같이 사랑하라"는 말씀이 있다. 이 말씀에 따라 우리 교회와 사회복지인들은 열심히 일해 왔다. 그 결과 우리나라에는 많은 사회복지시설이 만들어졌으며 많은 국민이 복지에 참여할 수 있는 경험을 갖게 되었다. 그 결과, 우리들의 활동이 나아가야 할 방향에 대한 연구의 필요성이 증가되었다. 그래서 우리 연구진은 교회의 복지활동에 대한 방향과 중심 사상에 대한 연구를 시작하였다.

　우리 영락사회복지재단 연구진은 예수님께서 실로암 못가에서 소경의 눈을 뜨게 해 주신 사랑의 실천을 바탕으로 SILOAM 모델을 개발하였다. SILOAM 모델은 도움이 필요한 복지 대상자를 찾아가서(Search) 그들의 정체성(Identity)을 찾도록 도와주며, 전문적이고(Lord map) 다양한 기회(Opportunity)를 제공하여 행복한 삶을 영위하도록 한다. 그리고 도움을 받은 복지 대상자가 예수 그리스도의 제자(Apostle)가 되어 복음을 전파하는 일을(Mission) 수행할 수 있도록 하는 전인적(holistic) 복지 모델이다.

SILOAM 모델은 교회들의 사회복지활동은 물론 교회에서 타기관과 연합하여 운영하는 유형에서도 적용될 수 있다. 또한 SILOAM 모델과 같이 성서에 바탕을 두고 아동·장애인·노인 등을 대상으로 서비스를 제공하는 프로그램을 개발하는 것이 필요하다.

이 모델에 비추어 영국교회·독일교회·미국교회·한국교회 사회복지 실태를 살펴 본 결과, 교회의 복지대상자를 존귀한 자로 대우하며, 사회복지활동이 전문화되고, 다양한 프로그램으로 기회를 제공하며, 유기적으로 네트워크를 형성하여 이웃을 향한 교회 사회복지 실천이 활성화되어 있었다.

이와 같이 SILOAM 모델은 교회사회복지활동을 계획하고 실천할 때 중요한 원칙들을 제시하고 있다. 교회가 SILOAM 모델을 실천할 수 있는 교회사회복지 전문인력을 양성하는 것은 시급한 과제이다. 교회는 전문화되고 체계적인 사회복지활동을 시행할 수 있도록 장(場)을 마련하여야 할 것이다. 교회사회복지 전문인력은 다양한 사회복지활동 프로그램을 개발하며, 성도의 자원봉사활동 참여를 활성화하고 다양한 자원봉사활동 프로그램 개발하며 네트워크 형성하여 지역사회를 섬기는 방안을 모색해야 할 것이다.

연구를 지원해 주신 영락복지재단, 열심히 보고서를 작성하여 주신 연구자들과 헌신적인 출판을 해주신 나눔의집출판사에 진심으로 감사드린다. 그리고 본 연구가 교회의 사회복지활동에 지침이 되고 교회와 교단 및 기독교사회복지기관의 발전에 디딤돌이 되기를 진심으로 기원한다.

2005. 여름
연구자를 대표해서 김 성 이

차례

제1장
교회와 사회복지 실천

제1장 교회와 사회복지 실천

　　기독교인에게 있어서 사회복지 실천은 크리스천의 기독교윤리
와 현재의 사회구조에 대한 경험적 사실, 사회문제, 혹은 생활문제
가 접한 곳에서 성립된다. 오늘날의 급격한 사회 변모는 전통적 가
정과 지역공동체 사회의 기능을 약화시키고 붕괴시켰다. 이로 인
하여 개인과 가정으로는 대처할 수 없는 사회적 서비스의 상황이
나날이 증대되고 있다.

　　이러한 상황 속에서 지역사회에 존재하고 있는 교회의 시대적
사회적 역할에 대한 기대가 커지고 있으며, 이 시대의 사회복지 실
천에 대한 교회의 책임과 사명이 새롭게 조명되고 있다.

　　교회를 중심으로 한 크리스천의 사회복지 실천은 하나님의 뜻
과 의도를 이 땅에 구현하기 위한 구체적 사랑의 표현이다. 우리는
하나님의 형상대로 지음 받은 숭고한 존엄성을 부여받은 고귀한
인격체들이다. 지금 많은 이웃들은 미흡한 사회보장제도와 사회복
지서비스의 부재로 하나님과 우리와의 사랑의 교제에서 탈락하려

하고 있다.

이 장에서는 교회의 이웃과 지역사회를 향한 사회복지 실천에 대하여 다음과 같이 고찰하면서 '교회는 왜 사회복지를 실천해야 하는가'에 대한 사명과 책임을 새롭게 다져보고자 한다.

1. 사회복지 실천에 있어서 기독교 윤리의 기초

크리스천의 사회복지 실천의 윤리적 기초는, 죄로 말미암아 죽을 수밖에 없었던 죄인인 우리가 하나님의 은혜로 말미암아 구원을 얻고 영생을 약속 받은 자들로서, ① "네 마음을 다하고 목숨을 다하고 뜻을 다하여 주 너의 하나님을 사랑하라"(마 22: 37) ② "네 이웃을 네 자신과 같이 사랑하라"(롬 13: 9)는 말씀을 우리의 삶 속에서 완수해야 하는 성경적 요구에 있다.

하우워와스(Stanley Hauerwas)는 "기독교윤리는 모든 일반 사람들을 위하여 있는 것이 아니고 하나님께서 택하신 구별된 사람들을 위하여 있으며, 크리스천은 사회적 존재라고 하는 것에서 출발한다."고 했으며(맹용길, 1988: 190), "기독교윤리는 기독교공동체에서 출발해야 하는데 그것은 교회이며 사람들이 도덕적으로 더 잘 살 수 있게 하기 위한 요청이다."라고 하였다(맹용길, 1988: 171).

또한, 하우워와스는 기독교윤리의 과제로 첫째는 사람들로 하여금 세계를 바르게 보게 하는 것이며, 둘째는 사람들로 하여금 죄인인 것을 배우게 하는 것이며, 셋째는 기초적인 과업으로서 크리스천의 삶의 기초와 본질을 이해하는 것이라고 하였다. 이러한 과제를 훈련받음으로써 자아의 지속(duration), 성장(growth), 일치(unity)에 관심을 갖게 되며 성화와 관련되게 된다(맹용길, 1988: 173-175)고 하였다.

기독교윤리는 하나님의 말씀에 근거하고 있다. 성서에 나타난 아동, 장애인, 노인, 과부 등 사회복지 실천 대상에 대한 기독교 윤리를 살펴보면 다음과 같다.

1) 아동

성서에서의 아동은 교육과 훈계, 긍휼의 대상이며 양육에 대해서는 가족의 책임을 강조하고 있다.

> "마땅히 행할 길을 아이에게 가르치라. 그리하면 늙어도 그것을 떠나지 아니하리라"(잠언 22: 6).
>
> "채찍과 꾸지람이 지혜를 주거늘 임의로 하게 버려두면 그 자식은 어미를 욕되게 하느니라. 네 자식을 징계하라. 그리하면 그가 너를 평안하게 하겠고 또 네 마음에 기쁨을 주리라"(잠언 29: 15-17).
>
> "어린아이들이 내게 오는 것을 용납하고 금하지 말라. 하나님의 나라가 이런 자의 것 이니라. 내가 진실로 너희에게 이르노니 누구든지 하나님의 나라를 어린아이와 같이 받들지 않는 자는 결단코 들어가지 못하리라"(눅 18: 16-17).
>
> "만일 어떤 과부에게 자녀나 손자들이 있거든 저희로 먼저 자기 집에서 효를 행하여 부모에게 보답하기를 배우게 하라"(딤전 5: 4).

2) 청소년

성서에서 청소년은 하나님을 찬양하고 하나님의 사역을 수행하며, 하나님의 말씀을 경외하고 깨끗한 행실을 가지며 노인을 긍휼히 여기고 섬겨야 한다고 가르치고 있다. 또한 청년이 절제된 생활을 하지 못하고 자신이 원하는 대로 방탕한 생활을 하면 하나님의 심판에 이르게 된다고 경고하고 있다.

"이스라엘 자손의 청년들을 보내어 번제와 소로 화목제를 여호와께 드리게 하고"(출 24: 5).

"청년남자와 처녀와 노인과 아이들아 다 여호와의 이름을 찬양할지어다"(시 148: 12-13).

"너는 청년의 때 곧 곤고한 날이 이르기 전 나는 아무낙이 없다고 할 해가 가깝기 전에 너의 창조자를 기억하라"(전 12: 1).

"너희도 이것을 정녕 알거니와 음행하는 자나 더러운 자나 탐하는 자 곧 우상숭배자는 다 그리스도와 하나님나라에서 기업을 얻지 못하리니"(엡 5: 5).

"자녀들아 너희 부모를 주 안에 순종하라. 이것이 옳으니라. 네 아버지와 어머니를 공경하라. 이것이 약속 있는 첫 계명이니 이는 네가 잘되고 땅에서 장수하리라"(엡 6: 1-3).

3) 장애인

창세기 1장 27~31절 말씀에서, 창조주 하나님은 하나님의 형상을 따라 하나님의 모양대로 사람을 만드셨다. 장애인은 한 인격체로서 존엄을 회복해야 한다.

기독교에서 보는 장애인관은 장애 그 자체가 하나님의 섭리나 하나님의 뜻 그리고 그것을 통해서 하나님의 영광 성취에 있음을 알 수 있으며, 예수님은 육적 재활이나 치유에 대한 관심보다는 영적 재활, 다시 말해서 예수님을 믿고 구원받는 부활신앙에 더 큰 의미를 부여하고 있다(김종인, 2005: 37).

> "예수께서 말씀으로 귀신들을 쫓아내시고 병든 자를 다 고치시니 이는 선지자 이사야로 하신 말씀에 우리의 연약한 것을 친히 담당하시고 병을 짊어지셨도다 함을 이루려 하심이더라"(마 8: 6-17).
> "피곤한 손과 연약한 무릎을 일으켜 세우고 너희 발을 위하여 곧은 길을 만들어 저는 다리로 하여금 어그러지지 않고 고침을 받게 하라"(히 12: 12-13).

4) 노인

성서에 나타난 노인에 대한 기독교윤리는 사회적, 경제적, 가족적, 도덕적, 영적으로 인간다운 삶을 보장하는 것이다.

> "너희가 노년에 이르기까지 그리하겠고 백발이 되기까지 내가 너희를 품을 것이라. 내가 지었은즉 안을 것이요 품을 것이요 구하여 내리라"(사 46: 4).
> "참과부로서 외로운 자는 하나님께 소망을 두어 주야로 항상 간구와 기도를 하거니와 일락을 좋아하는 이는 살았으나 죽었느니라. 네가 또한 이것을 명하여 그들로 책망 받을 것이 없게 하라. 누구든지 자기 친족 특히 자기 가족을 돌아보지 아니하면 믿음을 배반한 자요 불신자보다 더 악한 자니라. 과부로 명부에 올릴 자는 나이 육십이 덜 되지 아니하고 한 남편

의 아내이었던 자로서 선한 행실의 증거가 있어 혹은 자녀를 양육하며 혹은 나그네를 대접하며 혹은 성도들의 발을 씻기며 혹은 환난 당한 자들을 구제하며 혹은 모든 선한 일을 좇은 자라야 할 것이요"(딤전 5: 5-10).

"네 부모를 공경하라. 그리하면 너희 하나님 나 여호와가 네게 준 땅에서 네 생명이 길리라"(출 20: 12).

"너는 센 머리 앞에 일어서고 노인의 얼굴을 공경하며 네 하나님을 경외하라. 나는 여호와니라"(레 19: 32).

"너는 너희 하나님 여호와의 명한 대로 네 부모를 공경하라. 그리하면 너의 하나님 여호와가 네게 준 땅에서 네게 생명이 길고 복을 누리리라"(신 5: 16).

"내 아들아 네 아비의 훈계를 들으며, 네 어미의 법을 떠나지 말라. 이는 네 머리의 아름다운 관이요, 네 목의 금사슬이니라"(잠 1: 8-9).

"내 아들아 네 아비의 명령을 지키며 네 어미의 법을 떠나지 말고 그것을 항상 네 마음에 새기며 네 목에 매라. 그것이 너의 다닐 때에 너를 인도하며 너의 잘 때에 너를 보호하며 너의 깰 때에 너로 더불어 말하리니 대저 명령은 등불이요 법은 빛이요 훈계의 책망은 곧 생명의 길이라"(잠 6: 20-23).

"의인의 아비는 크게 즐거울 것이요 지혜로운 자식을 낳은 자는 그로 인하여 즐거울 것이니라. 네 부모를 즐겁게 하며 너 낳은 어미를 기쁘게 하라"(잠 23: 24-25).

"늙은이를 꾸짖지 말고 권하되 아비에게 하듯 하며 젊은이를 형제에게 하듯 하고 늙은 여자를 어미에게 하듯 하며"(딤전 5: 1-2).

칼 바르트(Karl Barth)는 우리가 하나님과 이웃과의 교제에서 소외되고 자기중심적인 껍질 속에 갇혀 있을 때, 우리는 참 인간으로서 실격(失格)한 자이며 거기에서 그치는 것이 아니라 혼란과 황폐를 야기 시킨다(大島未男, 1986: 122)고 지적하고 있다.

현대의 기독교인에게 사회복지의 실천은 크리스천의 기독교 윤리를 바탕으로 아동, 장애인, 노인, 과부 등 사회복지 실천의 대상들과의 경험적 사실, 생활문제, 사회 문제적 상황과 접한 곳에서 비로소 성립된다고 할 수 있다.

2. 교회와 사회복지

현대 사회의 사회복지는 개인의 주체적 인격과 객체적 환경의 상호작용 속에서 전인격의 확립에 의한 인권의 옹호와 제 문제 해결에 중점을 두고 있다. 또한 성경적 인간관은, 인간은 하나님의 형상대로 지음 받은 고귀한 정신과 육체를 통합한 개체로서 하나의 인격적 통일성을 가지고 행동하는 전인적 인간이다.

기독교의 본질은 사회중심에서 탈락하여 주변으로 밀려난 사람들에게 행복을 기져다주는 것이며, 하나님 나라는 현실 속에서 인간의 악한 모습을 외면한 "본질적인 모습"이나 "이상"이 아니라, 현실문제와 정면으로 부딪쳐 이 세상의 어려움을 실제로 해결하고, 본질과 존재라고 하는 기존의 틀을 근본적으로 해체하여 재구성하는 것이야말로 하나님의 나라를 이 세상에 실현하는 길(大島未男, 1986: 34)이라고 본다.

역사적으로 교회는 사회복지의 산실이었으며, 사회복지를 양육하여 왔다. 특히 중세 가톨릭교회의 사회복지 실천은 사회복지시설을 중심으로 활발하게 실천되어 왔다.

한국교회의 초기 선교역사에서도 사회복지를 동반한 복음활동이 활발하게 전개되었으며, 1990년대에 들어오면서 한국교회는 우

리나라의 고도경제성장과 함께 사회의 왜곡현상으로 나타난 수많
은 사회문제, 개인의 생활문제에 대한 교회의 사회복지 실천에 새
로운 인식과 접근을 시도하고 있다.

오늘날 교회의 사회적 역할은 현실의 사회문제에 적극적으로
개입하는데, 발달한 사회과학적 기초 위에 사회복지적 방법으로
객관성과 전문성을 가지고 사회를 매개로 한 사회복지의 실천을
행하여 인간다운 생활을 영위할 수 있도록 하는 것이다.

교회의 사회복지 실천은 이웃의 위기에 대하여 합법적이며 사
회적인 매개를 통하여 사랑 행위의 주체자로서 '너와 나와의 관계
속에서' 개입할 때 진실로 인격적인 사랑의 행위를 성취할 수 있게
될 것이다.

칼 바르트(Karl Barth)는 "그리스도를 따르는 한 교회는 일반적
인 원리문제가 아니고, 구체적인 개개의 상황에 관하여 말하여야
하며, 크리스천은 전인격을 가지고 하나님을 섬기고 개인의 문제
뿐만 아니라 정치, 경제, 사회문제야말로 관심을 가져야 할 부분"
(Hordern · 布施壽雄, 1969: 210-214)이라고 말하고 있다.

3. 교회의 사회복지 실천 당위성과 방법

성경에서 사랑은, 하나님을 사랑하는 우리가 사회적 고난을 당
한 우리의 이웃을 단지 생각하거나 동정하는 것으로 끝나지 않고,
삶의 위기를 당한 이웃에게 사회적 원조의 실체, 즉 사회복지적 방
법으로 '무엇인가를 행함' 으로써 사랑의 실천을 구체화하도록 말
하고 있다.

즉, "내가 진실로 너희에게 이르노니 너희가 여기 내 형제 중에서

지극히 작은 자 하나에게 한 것이 곧 내게 한 것이니라"(마 25: 40)
는 성경말씀에서와 같이, 하나님을 사랑하는 것과 이웃을 사랑하는
것을 "과(and)"의 관계로 보는 것이 아니라, "즉(equal)"이라는 동
일성의 관계로 보는 것이다. 따라서 크리스천의 사회복지 실천은
성경적 요구이며, 여기에 사회복지 실천의 당위성이 존재한다.

교회가 사회복지를 실천하는 방법은 역사적으로 종교적 자선행
위(charity)의 형태를 띠며 전개되어 왔다. 그러나 자선행위는 자선
행위를 실천하는 원조행위자의 주관적, 임의적 태도에 따라 자선
대상자의 위기, 고민 등의 생활문제에 대하여 객관적 사실과 동떨
어진 우발적, 무차별적 행위로 접근함으로써 원조의 중복, 비인격
적 행위 등 많은 사회문제를 야기시켜 왔다.

현대사회에서 사회복지 실천은 사회적 고난을 당한 우리의 이
웃에게 사랑의 행위를 실천하는 행위 주체자의 내면적 의지에 따
라 이루어지는 것이 아니라, 합법성을 가지는 사회복지학적 방법
에 따라 구체화되어야 한다. 즉 이웃에 대한 원조 또는 사랑의 행
위는 오늘날 사회복지라고 하는 합법적, 사회적 매개체에 의하여
과학적 분석과 검토에 기초한 객관적 방법과 헌신적 행동으로 실
천되어야 한다. 크리스천의 사랑의 실천행위는 근대사회과학으로
거듭나서 전문적인 사회복지서비스로 전환되어야 비로소 인격적
이며 객관적인 효과를 거둘 수 있을 것이다.

사회복지방법론은 크게 정책·제도적 방법과 실천기술론적 방
법으로 나눌 수 있다. 정책·제도적 방법론에는 사회복지정책
(social welfare policy)이 있으며, 실천기술론적 방법에는 사회복지
의 고유방법론인 동시에 직접적 방법론인 개별사회사업(social
casework), 집단사회사업(social groupwork), 지역사회조직(social
community organization)이 있으며, 간접적 방법론으로서는 타학

문으로부터 응용한 사회복지조사(social welfare research), 사회복
지행정(social welfare administration), 사회행동(social action) 등이
있다.

현대사회에서 다양하고 복잡한 욕구를 가진 우리의 이웃들에게
'무엇인가를 행할 사랑의 행위' 를 실천하는 데 있어서, 이를 무매
개적이고 직접적으로 행하는 것이 아니라, 사회과학적 객관성과
사회와의 결합성을 부여하여 사회적 합법성을 존중해 나가야 할
것이다.

4. 예수님의 사회복지 실천의 모범

신약성경의 공관복음에 나타난 예수님의 복음전파사역을 살펴
보면, 예수님은 항상 복음을 전파하시고 또한 당시의 사회복지적
상황에 입각하여 구체적인 실천을 보여주고 계신다.

신약성경 마태복음 14장 14~21절 말씀에 나타난 예수님의 복
음전파와 사회복지의 실천을 살펴보면 다음과 같다.

14절 예수께서 나오사 큰 무리를 보시고 불쌍히 여기사 그 중에 있는 병
　　　인을 고쳐 주시니
15절 저녁이 되매 제자들이 나아와 가로되 이곳은 빈들이요 때도 이미
　　　저물었으니 무리를 보내어 마을에 들어가 먹을 것을 사먹게 하소서
16절 예수께서 가라사대 갈 것 없다 너희가 먹을 것을 주어라
17절 제자들이 가로되 여기 우리에게 있는 것은 떡 다섯 개와 물고기 두
　　　마리뿐이니이다
18절 가라사대 그것을 내게 가져오라 하시고

19절　무리를 명하여 잔디 위에 앉히시고 떡 다섯 개와 물고기 두 마리를
　　　가지사 하늘을 우러러 축사하시고 떡을 떼어 제자들에게 주시매 제
　　　자들이 무리에게 주니
20절　다 배불리 먹고 남은 조각을 열 두 바구니에 차게 거두었으며
21절　먹은 사람은 여자와 아이 외에 오천명이나 되었더라

이 말씀에서 모인 사람들은 질병과 기본적 욕구인 먹는 문제에 직면해 있으나, 때가 되어도 먹을 것이 없는 환경적 상황에 처해 있음을 알 수 있다.

예수님은 인간의 삶(生存)과 생명을 중요시하셨을 뿐만 아니라 현재 사람들이 직면해 있는 생활문제에 대해서도 중요하게 여기셨다. 당시의 배고픈 현실적 문제에 대하여 예수님은 자신의 제자들에게 "너희가 먹을 것을 주라"고 명하고 계시며, 제자들로 하여금 이웃의 생활문제에 대하여 관심을 가지고 구체적으로 행동하라고 말씀하신다. 그러나 제자들은 '마을에 가서 각자 해결토록 하라'고 한다. 난처한 상황에 빠신 제자들은 가진 것이라고는 오병이어 뿐인데 어떻게 다 먹이느냐고 반문한다.

이 말씀에서 우리에게는 5천명을 먹일 수 있는 오병이어가 있음을 알 수 있다. 우리의 아주 작은 희생과 봉사라는 '오병이어'가 5천명을 먹일 수 있는 계기가 되었음을 알 수 있다.

이 말씀은 약 2000년 전의 상황이지만 지금 우리의 현실이기도 하다. 우리의 이웃에는 사랑하는 많은 사람들이 이웃과의 교제에서 소외되고 하나님과의 교제와도 단절된 상황에서 생명을 위협당하고 있다. 지금 우리는 어떻게 이러한 문제를 해결할 수 있겠는가? 필자는 오늘도 예수님의 기적이 일어나고 있다고 믿고 있다.

현대를 사는 우리에게 하나님은 나날이 눈부시게 발전하고 있

는 의료기술, 의약의 발전, 그리고 의료서비스제도의 향상과 개선, 배고픈 문제를 해결할 수 있는 사회복지제도, 활발한 자원봉사활동 등 놀라운 은혜를 내려 주고 계신다.

교회가 직면한 다양한 사회문제, 생활문제에 대하여 예수님은 오늘의 우리에게 구체적인 해결책을 제시하고 계신다. 크리스천이 '오병이어'의 작은 희생과 봉사를 한다면 교회는 현재의 사회체제 하에서 구체적인 해결책을 제시할 수 있음을 시사하고 있는 것이다.

5. 크리스천과 자원봉사활동

크리스천에게 있어서 자원봉사활동은 어떠한 관계와 의미를 가지는 것일까? 마태복음 10장에서는 크리스천을 '섬기는 자'로 위치시키고 있다.

자원봉사(volunteer)의 어원은 라틴어의 voluntas(자유의사)로서 자기 자신의 의사, 즉 주체적으로 사회의 다양한 문제에 대처하고 문제를 완화, 경감, 해결하고자 활동하는 것을 말한다.

Manser & Cass는 "자원봉사활동은 자신이 선택한 자원봉사기관을 통하여 창조하고, 실험하고 또 새로운 목표를 달성하려고 노력하는 과정이다. 그 과정에 있어서 최대의 자유와 민주적 과정 속에서 독특한 역할을 수행하여 공익의 어떤 요소를 증진 혹은 촉진시키는 자발적이고 사적인 노력에 의하여 나타나는 활동"이라고 정의하고 있다.

자원봉사자는 '자원봉사활동에 자발적으로 참여하는 사람으로, 이타주의와 이기주의의 다양한 정도에 따라 그들의 시간과 재능을 자유롭게 활용하는 사람'들을 말한다. Darvill & Munday는 "자원봉사자는, 자신의 친족이 아닌 사람들을 위하여 자발적으로 무보수로 일하는 사람이며, 일반적으로 비공식적인 이웃과의 만남을 통해서라기보다는 어떤 공식조직을 통해서 봉사하는 사람"이라고 정의하고 있다.

이상의 개념정의에서 자원봉사활동은, 자발적인 선택임과 동시에 사회적인 책임이며 경제적 이익을 추구하지 않고 가족이나 친족을 돌보는 기본적 의무를 초월한 사회적 활동이라고 할 수 있다.

기독교에 있어서 자원봉사활동의 본질은, 섬기는 자로서의 크리스천이 자신을 하나님께 '산 제물'로서 바치는 것이며, 그러한 삶을 사는 것이다. 자신이 가지고 있는 최선의 능력을 하나님께 바치는 '하나님을 섬기는 자'로서의 기쁨이다(嶋田啓一郞, 1976: 45).

자원봉사활동은, 크리스천에게 예수 그리스도의 사랑에 대한 응답이며, 신앙의 열매이다. 또한 십자가에 나타난 하나님의 은총으로 인하여 자유를 입었고, 가치를 부여받은 인간의 "사회적 간증"이다. 이것은 크리스천의 보편적인 사랑의 원리인 것이다.

최근에는 사회의 고령화와 함께 지역사회에서 많은 사회복지인력이 요구되면서 자원봉사활동의 필요성과 중요성이 더 강조되고 있다.

현대사회에서 자원봉사활동이 가지고 있는 의의는 다음과 같다.

(1) 지역공동체가 약화되고 붕괴되고 있는 지역사회에서 자원봉사활동을 통한 사람들과의 연대와 공동성을 일깨우고 있다.

(2) 지방자치나 제도에 활력을 주고 있는 사회행동의 역할을 하고 있다.

(3) 관리사회의 진행 속에서 노인, 장애인, 아동 등과의 교제를 회복하고 주체성을 일깨우고 있으며, 복지시설과 지역사회

에서 가교역할을 하고 있다.

(4) 개척과 창조의 역할이다.

(5) 노인, 장애인, 아동의 발달적, 치료적 과제에 구체적으로 응
    답할 수 있다.

(6) 복지 교육적, 사회 교육적인 의의 등을 들 수 있다.

기독교인에게 자원봉사활동은 기독교의 영성에 어떠한 영향을 미치고 있는가? 영락사회복지재단은 자원봉사활동과 영성과의 관계를 알아보기 위하여 2005년 3월 25일부터 4월 13일에 걸쳐 서울시와 경기도에 위치하고 있는 영락애니아의집, 영락노인복지센터, 영락모자원, 영락보린원의 자원봉사자를 대상으로 설문조사를 실시하였다(박현정, 2005: 48-72). 이 조사연구에 의하면 자원봉사자의 신앙기간이 길수록 영성의 정도가 높았으며, 자원봉사활동의 동기는 이타적인 동기가 가장 높았다. 또한 자원봉사활동의 지속 요인으로서는 자원봉사자의 실천의지가 가장 높게 나타났으며, 자원봉사대상자와의 관계에서 오는 보람, 소속기관의 격려, 지역사회의 참여기회가 중요한 요인으로 나타났다.

자원봉사활동의 정신적 기반은 발런터리즘(voluntarism)이다. 이는 봉사활동의 대상자에 대하여 자신의 재산이나 생명, 행위를 희생하고도 아까워하지 않는 가치를 도출하며, 대상자에게 자기동일성을 내포하는 에너지이다.

하나님은 자기형상, 곧 하나님의 형상대로 사람을 창조하시고 남자와 여자를 창조하셨으며, 그들에게 복을 주시고 그들에게 이르시되 생육하고 번성하여 땅에 충만하라(창 1: 27-28)는 축복을 주셨다.

복지는 복음선교의 수단이 아니라 복음선교와 동시에 이루어져

야 하는 필요충분조건의 관계임을 알 수 있다. 복음이 선포되는 곳에는 동시에 복지가 실천되어야 하며, 사회복지의 실천은 교회와 크리스천에게 당위적이다. 그리고 그 실천은 현대사회복지의 실천방법으로 전개되어야 할 것이다.

오늘날 교회와 크리스천은 복음과 복지가 동시 필요충분조건의 관계에 있음을 파악하고, 교회와 크리스천 그리고 사회와의 상호관련성을 일관성 있게 꾸준히 형성해나가야 한다.

사회복지는 하나님의 은혜로 행복한 생활을 영위할 수 있도록 사회가 노력하는 것이다. 사회복지 실천의 저변에는 크리스천과 교회가 위치하고 있어야 할 것이다. 또한 교회는 현대의 발달한 사회복지이론과 사회복지방법, 기술을 토대로 현대사회가 지향하고 있는 새로운 지역공동체형성, 즉 복지커뮤니티의 중심적 거점을 제공함으로써 사회복지서비스를 필요로 하는 모든 사람들에게 하나님의 은혜를 나누는 실천방향을 모색해야 할 것이다.

제2장
교회사회복지 실천 모델

제2장 교회사회복지 실천 모델

　현재 우리 사회를 고령화 사회, 지식정보화 사회, 탈구조화 사회, 세속화 사회 등으로 지칭하는 것처럼 그 모습은 다양하다. 이러한 다양화, 다변화 시대의 사회에서 교회가 어떻게 대처해야 하는지에 관해 대책을 수립하기는 어려움이 있다. 하지만 어떤 사회로 변혁이 되든지 교회는 사회의 빛과 소금이 되고, 사회를 선도하는 이정표가 되어야 하는 사명과 역할을 가지고 있다. 이에 교회는 시대의 변화에 부응하는 대비책을 강구해야 하는 당위성을 지니고 있다.

　또한 기독교의 본질 중 가장 핵심이라고 할 수 있는 예수 그리스도의 사역을 살펴 볼 때, 교회가 가지는 이념(mission)을 다음과 같이 두 가지로 나누어 생각해 볼 수 있다. 첫째, 영을 구하는 구령운동이다. 예수 그리스도는 아동, 장애인, 과부, 노인 등 소위 소외계층과 작은 자에게 복음을 전파하여 구원에 이르게 하였다. 둘째, 사회복지사업의 실천이다. 이는 먹을 것이 없는 사람에게 떡을 나누어 사회복지사업을 펼쳤던 예수 그리스도의 모습에서 찾을 수 있다. 이 장에서는 기독교 사회복지의 정체성(identity)을 어디서 찾을 것인가에 대하여, 예수님의 모범에서 찾아 SILOAM 모델을 제안하였다.

1. SILOAM 모델의 배경 및 의의

1) 성경 말씀에 근거한 실천 모델

성경 요한복음 9장 1절부터 41절까지 전 장에 걸쳐 복지 대상자에 대한 바른 이해에서부터 재활복지의 기법 및 사후관리까지 기독교 사회복지의 실천을 기록하고 있다. 때문에 SILOAM 모델은 철저히 말씀에 근거했다고 볼 수 있다.

2) 예수 그리스도가 직접 행한 실천 모델

진흙을 이겨 눈에 바르시는 등 예수 그리스도가 몸소 행동으로 모범을 보여준 헌신과 자기희생을 따른 사회복지 실천 모델이다.

3) 하나님의 섭리와 뜻을 실현시킨 모델

기독교 사회복지 실천을 통해 이루고자 하는 목표점은 하나님의 섭리와 뜻을 이 땅에 실현하는 것이다. 이 모델은 복지를 통하여 기적을 이루는 하나님의 섭리를 완성시킬 뿐만 아니라, 요한복음 9장 37절 "예수께서 가라사대 네가 그를 보았거니와 지금 너와 말하는 자가 그이니라"라는 말씀을 볼 때 궁극적으로 하나님을 만남으로 써 영(靈)을 구하는 기독교 사회복지의 본질을 엿볼 수 있다.

4) 보냄을 받은 곳 '실로암', 즉 교회가 중심이 되는 모델

"실로암 못에 가서 씻어라"고 말씀하셨는데, 실로암은 번역하면 "보냄을 받았다"는 뜻(요 9: 7)이 있다고 기술하고 있다. 이 실로암 모델은 이미 보냄을 받은 자들의 모임, 즉 예수 그리스도의 몸인 교회를 통해 기독교 사회복지가 실천되어야 함을 의미한다. 여기서 교회의 범위는 선교회 등과 같은 para church도 있고, 개교회 local church도 있다. 즉, 이러한 모든 교회를 총칭한다. 아울러 기독교 법인에서 기독교의 본질인 사회봉사와 구령운동을 표방하며 설립·직영하는 곳은 물론, 수탁 운영하는 사회복지관인 병원, 장애인·아동·청소년·노인 등의 복지시설 등도 실로암, 즉 교회의 역할과 기능을 할 수 있다는 것이다.

2. SILOAM모델의 철학과 방법

SILOAM 모델은 영육 간에 소외된 복지 대상자를 찾아서 그들의 존재 가치와 정체성을 찾도록 도와주는 것과 함께 하나님 안에서 그들 인생의 목표와 비전들을 갖게 해 주며, 교육과 훈련, 치료 등 다양한 기회를 통해 복된 삶을 영위하도록 한다. 아울러 복지 대상자가 예수 그리스도의 제자가 되어 온 세상 끝까지 복음전파의 일꾼으로 사역하는 인간구원 운동이며 전인적 복지 모델이다.

1) Search

SILOAM의 'S' 는 Search의 앞 자로서 '찾다' 라는 뜻이 있다.

기독교 사회복지 실천은 우선 복지 대상자(eligibility)를 찾아 나
선다는 것을 의미한다. "예수께서 길 가실 때에 날 때부터 소경된
사람을 보신지라"(요 9: 1). 이처럼 잃은 한 마리의 양을 위해 찾아
나서는 목자 예수처럼 가난한 자, 병든 자, 소외된 자, 즉 장애인,
노인, 불우아동 등 요보호 대상자나 복지 욕구가 있는 자를 직접
찾아 욕구를 해결하는 것이 기독교 사회복지의 전형이라는 것이
다. 따라서 기독교 사회복지 행정 및 전달체계는 소환 행정이나 탁
상행정, 전시행정이 아니라 현장에 직접 찾아나서서 문제를 찾고, 욕
구를 분석 해결하는 현장 행정, 방문행정, 즉 찾아나서는 복지 행
정이 되어야 한다는 것이다.

2) Identity

SILOAM의 'I' 는 Identity의 앞 자로서 '정체성' 이라는 뜻이 있다.

기독교 사회복지 실천에서 가장 중요한 요소 중 하나는 복지 대
상자의 정체성 확립에 있다. 전래적으로 우리 사회는 복지 대상자
를 호칭에서부터 인간(human)으로 평가해 주지 않고, 차별했으며,
편견 의식을 가져왔던 것이 사실이다. 한 예로 일상에서 사용하는
언어에서도 쉽게 찾아 볼 수 있는데 바보, 언청이, 째보, 절뚝발이,
문둥이, 섭섭이 등 접미사로 '보', '이' 를 사용한 것은 정상적인 사
람이 아닌 이질집단으로 생각해 왔다는 것이다. 그래서 옛날에는
이런 사람은 사람이 사는 성 안에 살지 못하고 성 밖으로 쫓겨 나
가 살 수밖에 없도록 했던 것이다. 우리나라에 기독교가 들어온 이

후 복지 대상자에 대한 정체성(identity)이 새로이 사정(assess-ment)되었다.

또 다른 예로, 장애를 약점(weakness)이나 결함(impairment), 무능력(disability), 불리(handicap)로 분류하던 것에서 장애를 또 다른 능력자, 또 다른 가능자(the differently abled)로 긍정적으로 평가하고 있는 것이다.

"하나님이 하시고자 하는 일을 나타내고자 하심이라"(요 9: 3)고 예수님이 말씀하신 것처럼 복지 대상자인 소경의 정체성을 새로이 일깨워 준 것이다. 이 땅에 태어난 모든 생명은 하나님의 영광을 위해 창조된 생명이라는 사실을 통해 '생명 존엄의 정체성'을 발견하게 된다. 더욱이 복지 대상자의 인권(human rights)은 하나님이 주신 당사자 주권(consumer sovereignty)이라는 점을 깨우치고, 행동으로 옮겨 나가서 당사자가 사회복지의 객체에서 주체가 되도록 해야 한다는 것이다.

그러므로 이 세상의 모든 사람들은 예수 그리스도를 구주로 영접만 하면 하나님의 자녀가 되는 권세를 받는 자(요 1: 12)로서 복지 대상자도 하나님의 자녀이며 형상이라는 정체성을 찾는 중요한 의미까지 내포하고 있다.

3) Lord map

SILOAM의 'L'은 Lord map의 앞 자로서 '하나님의 지도책'에 제시된 비전과 방법으로, 복지 대상자를 인도하고 프로그램과 서비스를 전개 한다는 뜻이 있다.

복지 대상자의 신체적, 정신적 치유뿐만 아니라 영적인 치유까지 포괄하는 전인적 치유(holistic rehabilitation)의 이념을 사회복지 실천 이념으로 설정해야 한다는 점이다. 또한 개별화된 재활 프로그램(IWRP : individualized written rehabilitation program)이나 개별화된 사회복지 프로그램(ISWP : individualized social welfare program), 개별화된 목회 프로그램(IMP : individualized ministry program) 등 복지 대상자 개인의 특성과 욕구에 부응한 프로그램을 마련하는 것과 함께 중·장기 계획과 전략을 수립하여 진행해야 함을 의미하고 있다.

그리고 복지 대상자를 하나님의 품으로 이끌고 하나님 안에서(요 15: 5) 인생의 목표와 비전을 새롭게 찾도록 하는 데 실로암, 즉 교회가 어떤 구체적이고 전문적인 사회복지 실천을 행동으로 보여야 할 것이다. 다시 말해 교회는 Lord map의 길과 방향을 밝히는 빛의 사명이 있는 것이며, 더욱이 실로암인 교회가 어떤 사회복지의 실제적인 프로그램을 개발하여 운영하는 것도 복지 대상자를 하나님 안으로 인도하는 촉진제 역할을 한다는 것이다.

4) Opportunity

SILOAM의 'O'는 Opportunity의 앞 자로서 '기회 제공'이 기독교 사회복지 실천의 핵심적 요소라는 의미이다.

우선 굶주린 사람에게는 먹을 수 있는 기회, 병든 사람에게는 치료의 기회, 상처받은 영혼에게는 위로의 기회 등 근본적인 욕구에 부응하는 기회 제공이 있어야 한다. 또한 기회는 기회를 통해 복지 대상자에게 일대 변혁이 일어나 그 대상자에서 탈피하는 기회의 보장이 있어야 한다.

교육 및 훈련기회, 직업훈련이나 직업재활, 자활의 기회, 그리고 보호고용, 지원고용 등 다양한 고용프로그램에 참여할 수 있는 기회 등도 있고, 자립생활 및 사회에 복귀할 기회까지 있어야 한다. 특히, 복음을 들을 기회나 예수 그리스도를 만날 기회 등 모든 대상자에게 동등한 기회가 제공되어야 할 것이다. 예를 들어 청각장애인을 위한 수화통역 예배 실시라든지, 노인 성경공부 프로그램 개발 및 진행, 정신지체인과 자폐인을 위한 특수 주일학교 운영, 지체장애인의 통합적 선교 훈련 등 기회제공 방법은 다양하다. 사실, 궁극적으로 인간복지의 실현은 재활의 기회제공에 있다는 이야기가 되는데, 재활의 기회는 두 가지의 방향을 모두 포괄해야 한다.

하나는 신체적·정신적 재활에 영적 재활(spiritual rehabilitation)까지 포함하는 전인적 재활(holistic rehabilitation)이고, 또 다른 하나는 의료적, 심리·사회적, 교육적 재활에 직업적 재활(vocational rehabilitation)까지 포괄하는 통전적 혹은 통합적 재활(total rehabilitation)인데, 두 기회를 모두 가질 때 명실공히 복지 대상자도 사회나 교회에 통합이 가능하게 될 것이기 때문이다.

물론 완전한 기회를 제공하기 위해서는 접근권 보장, 이동권 보상, 독립생활권 보장 등도 있어야 하며, 법과 제도적 측면에서도 완벽한 보장이 있어야 하며, 사회보장 체계도 마련되어 있어야 한다. 무장벽 운동(free barrier movement)이나 유니버설 디자인(universal design)도 평등한 기회 제공을 위한 또 다른 방법이다.

복지 대상자가 당사자(consumer)로서 당사자주의의 실현과 자기권익옹호(self-advocacy), 자기의존(self-reliance), 정치적 세력화나 경제적인 권리까지 보장하여 주체적으로 참여하는 기회를 얻도록 할 것을 포함한다.

5) Apostle

SILOAM의 'A'는 Apostle의 앞 자로서 사도로서의 삶을 살아가게 하자는 의미로서 '사람 낚는 어부가 되리라' (막 1: 17)의 말씀처럼 예수 그리스도의 제자로서의 복음에 빚진 자가 되는 것을 뜻한다.

기독교 사회복지 실천은 복지 대상자가 궁극적으로 재활, 자립하여 복지 사회의 일꾼으로 바뀌는 것은 물론, 복음 전파의 사도로 변화하는 것과 함께 증인이 되어야 한다는 것이다.

6) Mission

마지막으로 SILOAM의 'M'은 Mission의 앞 자로서 제자로서의 삶, 즉 온 세상 방방곡곡에 나보다 힘든 이웃들에게 빛과 소금의 역할을 담당하는 사역자로서의 삶을 실현시키고자 하는 의미이다. 사도행전 1장 8절 말씀처럼 세상 끝까지 복음의 빛이 되는 삶을 살아가라는 의미이다. 오히려 복지 대상자로 산 사람이 더불어 살아가는 사회의 선한 이웃이 되며 그들의 삶 자체가 선교의 메시지가 된다.

현 선교지의 사회복지 핵심은 보호(care) 수준이라고 했을 때, 앞으로 전문화된 복지 선교를 통한 복음전파는 사회복지 선교의 새로운 장을 열어가는 전문 선교(professional mission)의 방향으로 나아가야 할 것이다. 그것이 21세기의 Mission(선교)의 핵심이 되는 것은 콘텐츠일 것이다.

"인간복지"라는 콘텐츠를 얼마나 개발·시행하느냐에 따라 "복지선교"의 길은 열려있다고 할 수 있다.

우리가 사는 이 시대적·역사적 상황은 지식정보 사회이면서

고령화 사회이다. 이러한 사회구조적 여건을 고려하여 국내적으로
는 사회복지를 통한 복음 전파나 선교가 이루어져야 할 것이다. 국
외적으로는 제3세계, 즉 이슬람 국가 등에는 사회복지 전문인 사역
자를 통한 선교만이 가능한 것으로 나타나 있다. 따라서 기독교 사
회복지가 곧 선교라는 것이다. 21세기 국내외 선교는 사회 복지선
교가 주도할 것으로 한층 더 예견되고 있다.

제3장
교회사회복지의 실천 유형

제3장 교회사회복지의 실천 유형

　　교회는 가장 자원이 다양하고 풍부한 민간복지자원체계로서 이미 한국의 사회복지발전에 지대한 기여를 해왔으며 최근 사회복지의 축이 지역사회 중심으로 이동하면서 교회자원 활용의 필요성과 중요성이 더욱 커지고 있고, 이에 대한 사회적 기대와 요구도 확대되고 있다.

　　근래에 기독교가 사회복지를 실천하는 총량이 가장 광범위하고 많았음에도 불구하고 그에 상당하는 사회적 인정을 못 받고 있는 것은 "오른 손이 하는 일을 왼손이 모르게 하라"는 성경적 근거에서 비롯된 선한 결과로 보기보다는 오히려 사회선교를 조직적이고 사회적 체계로 수행하지 못한 결과로 볼 수 있다. 그리고 이러한 결과는 비기독교인의 기독교에 대한 선호도를 감소시키는 등 복음 확장에 부정적 영향을 미쳤다고 볼 수 있다.

　　이제는 교회가 사회적 약자와 지역사회를 위하여 '섬기고, 함께 나누고, 돌보는 일'을 좀 더 적극적이고 계획적이며 체계적으로 수행해야 할 것이다. 그렇게 함으로써 복지서비스를 효과적으로 제공하고, 이러한 복지수혜를 통해 이어지는 사회적, 선교적 효과를 널리 바르게 확산시켜 복지사회를 실현하는 일에 제 몫을 다 해야 할 것이다.

따라서 더 많은 교회가 사회복지 실천에 참여할 수 있도록 동기를 부여하고 교회가 수행할 수 있는 교회사회복지 실천방법을 모색하는 것은 의미있는 일일 것이다. 실제로 교회가 속한 지역사회에서 교회사회복지가 널리 실천된다면 기독교와 사회복지에 대한 사회적 인식이 긍정적으로 회복될 것이며, 교회가 복음확장의 새로운 전기를 마련하는 계기로 이어질 수도 있을 것이다.

여기서는 먼저 우리나라에서 수행하고 있는 사회복지사업과 그 현황을 살펴보고 교회의 사회복지유형과 실천할 수 있는 프로그램을 제시함으로써 교회사회복지 실천의지를 북돋우고 사회복지 실천 기회를 확장하는 계기를 마련하고자 한다. 교회사회복지 실천유형은 교회의 규모나 지역의 특성에 따라 더 광범위하게 연구되어야 할 것이나 여기서는 대도시 중심의 중소형교회, 대형교회, 초대형교회 및 교회연합으로 구분하여 유형화하고 교회규모에 따른 실천 가능한 사회복지프로그램을 알아보도록 하겠다.

1. 일반 사회복지의 이해

일반적으로 사회복지는 인간의 사회적 욕구를 충족시키고 사회적 문제를 해결하고자하는 모든 노력이라 할 수 있다. 따라서 교회사회복지는 교회가 주체가 되어 인간의 사회적 욕구를 충족시키고 사회적 문제를 해결하고자 노력하는 일체의 지원활동이라고 할 수 있다. 여기서는 교회사회복지를 교회사회봉사, 교회사회사업의 의미를 포괄하는 개념으로 사용하며, 교회는 기독교 신앙공동체로서의 개체교회는 물론 교단과 교회연합체까지를 포함한 개념으로 본다. 교회의 사회복지 실천은 법제도 내에서 합법적으로 수행되어야 하는 것을 전제로 할 때, 우선 현행 사회복지관련법과 그에 근거한 사회복지사업에 대한 이해를 바탕으로 교회가 할 수 있는 적합한 사회복지사업을 모색해야 할 것으로 생각된다. 따라서 우리나라 사회복지사업법 제2조에서 정의하고 있는 사회복지사업에 대하여 알아보면 다음과 같다.

"① 국민기초생활보장법 ② 아동복지법 ③ 노인복지법 ④ 장애인복지법 ⑤ 모부자복지법 ⑥ 영유아보육법 ⑦ 성매매방지및피해자보호등에관한법률 ⑧ 정신보건법 ⑨ 성폭력범죄의처벌및피해자보호등에관한법률 ⑩ 입양촉진및절차에관한법률 ⑪ 일제하일본군위안부피해자에대한생활안정지원및기념사업등에관한법률 ⑫ 사회복지공동모금회법 ⑬ 장애인노인임산부등의편의증진보장에관한법률 ⑭ 가정폭력방지및피해자보호등에관한법률 ⑮ 농어촌주민의보건복지증진을위한특별법"의 법률에 의한 "보호·선도 또는 복지에 관한 사업"과 "사회복지상담·부랑인 및 노숙인 보호·직업보도·무료숙박·지역사회복지·의료복지·재가복지·사회복지관 운영·정신질환자 및 한센병력자 사회복귀에 관한 사업" 등 각종 복지사업과 이와 관련된 "자원봉사활동 및 복지시설의 운영 또는 지원을 목적으로 하는 사업"을 말함.

사회복지사업은 사회 변화에 따른 인간 욕구의 다양화와 고도화로 그 내용과 범위가 계속 확대되고 있다. 따라서 사회복지 실천 현장과 서비스 내용 또한 다양화 고품질화되고 있고, 사회복지 공급

주체의 다원화와 복지혼합화가 증대되고 있다. 사회복지의 책임은 정부에 있지만 정부의 힘만으로는 복지욕구를 충족시킬 수 없다. 따라서 최근의 사회복지 인프라는 주로 정부가 구축하고 민간에게 운영을 위탁하는 관설민영의 사업형태가 증가하고 있는 추세다.

아래 〈표 1〉～〈표 4〉는 현행 한국의 사회복지관련법률에 의한 분야별 사회복지사업 내용과 그 실천현장 현황을 양적으로 가늠할 수 있는 정보가 될 것으로 판단된다. 그리고 기업복지재단(아산복지재단, 태평양복지재단 등)이나, 기타 지원법인(아름다운 재단 등)의 사업은 포함시키지 않았지만, 이 표들을 통하여 교회가 이 시대(지금), 우리가 처한 상황(여기)에서 전개하고 있는 사회문제와 현상에 따른 다양한 사회복지 실천의 현실을 엿볼 수 있을 것이다. 또한 교회가 속하는 지역사회와 교회실정에 맞는 사회복지를 탐색할 수 있고, 사회변화를 예측하면서 미래지향적인 사회복지 실천에 도전하고 동기를 부여받을 수 있기를 기대한다.

〈표 1〉 사회복지관련법과 사회복지시설의 종류(2005. 7. 현재)[1]

관련법	시설종류	세부종류		소관부서
		생활시설	이용시설	
사회복지사업법	부랑인·노숙인시설 결핵·한센시설 종합사회복지관	· 부랑인시설 · 결핵·한센시설	· 종합사회복지관 · 노숙인쉼터 · 상담보호센터	보건복지부
노인복지법	노인복지시설	· 노인주거복지시설 · 노인의료복지시설	· 재가노인복지시설 · 노인여가복지시설 · 노인보호전문기관	

---

1) 보건복지부자료(2005. 1월 현재)를 근거로 그 이후 변동내용을 포함하여 재구성한 것이며, 이탤릭체 부분은 최근에 신규로 사회복지시설로 포함된 시설임.

관련법	시설종류	세부종류		소관부서
		생활시설	이용시설	
아동복지법	아동복지시설	· 아동양육시설 · 아동일시보호시설 · 아동보호치료시설 · 아동직업훈련시설 · 자립지원시설 · 아동단기보호시설 · 공동생활가정	· 아동상담소 · 아동전용시설 · 아동복지관 · 지역아동센터 ※2개 이상 아동시설이 혼합되어 있는 종합시설 설치 가능	보건복지부
장애인복지법	장애인복지시설	· 장애인생활시설 · 장애인유료복지시설 중 생활시설	· 장애인지역사회재활시설 중 이용시설 · 장애인직업재활시설 · 장애인유료복지시설 중 이용시설	
정신보건법	정신보건시설	· 정신요양시설 · 사회복귀시설 중 생활(주거)시설	· 사회복귀시설 중 이용시설	
국민기초생활보장법	자활후견기관		· 자활후견기관	
농어촌주민의 보건복지증진을 위한특별법	복합노인복지시설	농어촌지역에 한해 노인복지시설 중 "노인보호전문기관"을 제외한 2종류 이상의 사회복지시설을 동일 또는 인접 건물에 설치가능		
영유아보육법	보육시설		· 보육시설	
모부자복지법	모부자복지시설	· 모(부)자보호시설 · 모(부)자자립시설, · 미혼모시설, · 일시보호시설	· 여성복지관 · 모·부자 가정상담소	
건강가정기본법	건강가정지원센터		· 건강가정지원센터	
성매매방지및 피해자보호등 에관한법률	성매매피해지원시설	· 일반지원시설 · 청소년지원시설 · 외국인여성지원시설	· 자활지원센터	여성부
성폭력범죄의 처벌및피해자 보호등에관한 법률	성폭력피해보호시설	· 성폭력피해자보호시설	· 성폭력피해상담소	
가정폭력방지 및피해자보호 등에관한법률	가정폭력보호시설	· 가정폭력피해자보호시설	· 가정폭력상담소	

시설종류	세부시설 종류		개소(수)	정원(명)	현원(명)	종사자(명)
총 계			1,213	103,903	86,116	24,871
노인 복지 시설	계		456	28,960	22,120	8,763
	법인 시설	양로시설	76	5,118	3,850	910
		실비양로시설	5	207	160	43
		유료양로시설	29	2,326	1,571	360
		요양시설	129	9,786	7,383	2,886
		실비요양시설	28	1,599	1,129	406
		유료요양시설	19	683	448	345
		전문요양시설	84	6,968	6,230	3,348
		유료전문요양시설	13	871	499	313
	개인운영신고시설		73	1,402	850	152
장애인 복지 시설	계		258	20,844	18,965	8,494
	법인 시설	지체/뇌병변 장애인시설	34	2,826	2,500	1,126
		시각장애인시설	12	996	695	306
		청각/언어 장애인시설	12	1,055	745	329
		정신지체/발달장애인시설	96	8,040	7805	3,550
		중증장애인요양시설	79	7,361	6,807	3,037
		장애영유아시설	4	239	207	94
		장애인유료복지시설	1	40	-	15
	개인운영신고시설		20	287	206	37
아동 복지 시설	계		311	26,423	19,040	4,785
	법인 시설	아동생활시설	274	26,210	18,846	4,740
		아동공동생활가정	32	175	175	40
	개인운영신고시설		5	38	19	5
모부자 복지 시설	계		81	2,134	3,523	345
	법인 시설	모자보호 · 자립시설	44	1,147	2,812	193
		미혼모시설 · 중간의집	20	502	342	84
		모자일시보호시설	14	459	343	63
	개인운영신고시설		3	26	26	5
부랑인 복지 시설	계		39	11,413	9,724	757
	법인운영 부랑인시설		38	11,369	9,685	751
	개인운영 부랑인시설		1	44	39	6
정신 보건 시설	계		68	14,129	12,744	1,727
	법인시설 정신요양시설		55	13,910	12,565	1,695
	개인운영신고시설		13	219	179	32

자료: 보건복지부.

〈표 3〉 사회복지이용시설 현황(2005. 1. 현재)

시설종류	세부시설 종류		개소(수)	종사자(명)
총 계			52,223	19,461
노인복지시설	계		50,137	3,841
	노인복지회관		143	1,684
	경로당		48,790	-
	노인교실		684	-
	노인휴양소		4	-
	가정봉사원파견시설		228	812
	주간보호시설		222	998
	단기보호시설		66	347
	노인보호전문기관		-	-
아동복지시설	계		509	656
	지역아동센터		462	462
	아동상담소		43	184
	아동전용시설		3	4
	아동복지관		1	6
장애인복지시설	계		757	6,113
	지역사회재활시설	장애인복지관	126	3,525
		장애인의료재활시설	15	450
		장애인공동생활가정	130	154
		장애인주간보호시설	100	300
		장애인단기보호시설	30	120
		장애인체육시설(수련시설포함)	16	79
		장애인심부름센터 등 기타	102	506
	직업재활시설		238	979
모부자복지시설	계		-	-
	여성복지관		-	-
	모부자가정상담소		-	-
부랑인복지시설	계		110	340
	노숙인쉼터		104	312
	상담보호센터		6	28
정신보건시설	사회복귀시설		101	430
기타	종합사회복지관		367	7,527
	자활후견기관		242	1,210

자료: 보건복지부.

〈표 4〉 미신고 복지시설 현황(시설종별, 2005. 1. 현재)

구 분	계	노인	모자	부랑인	아동	장애인	정신	결핵	한센
시설 수(개소)	1,150	526	16	34	132	416	19	5	2
생활자 수(명)	20,648	9,233	164	898	1,643	7,502	1,024	96	88
종사자 수(명)	3,654	1,676	43	95	353	1,327	111	17	32

※ 생활자 중 48%인 9,918명은 기초생활보장대상자임(자료: 보건복지부).

2. 교회사회복지 실천의 태도

1) 교회사회복지 실천의 유의점

교회사회복지는 그 실천 주체인 교회가 사회복지기관이 아니라 종교기관이기 때문에 실천 현장에서 일반 사회복지와 어떻게 차별화할 것인가에 대한 문제를 고민하게 된다. 교회가 운영하는 사회복지시설이라도 정부의 예산지원 하에 운영되고 있는 공적 업무체계에서는 특정 종교 활동을 제약받을 수 있기 때문이다. 물론 기독교와 상관없이 일반 사회복지를 실천할 수도 있겠으나 영혼구원이 궁극적 사명인 교회가 선교가 제외된 활동을 할 리는 없기 때문이다. 따라서 교회의 사회복지 실천에 앞서 교회사회복지와 일반사회복지의 관계에 대한 바른 인식을 우선적으로 확립해야 하는 것은 매우 중요하다.

김 인(2003)은 교회사회사업과 일반사회사업의 관계에 대한 견해들을 다음 그림과 같이 나타냈다.

교회사회사업과 일반사회사업의 관계모형

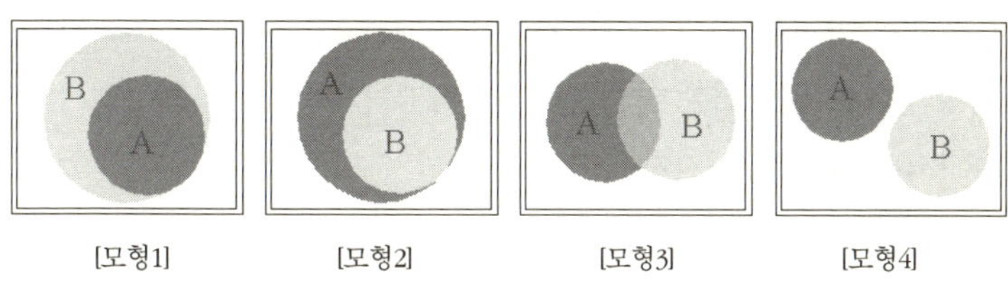

A=교회사회사업,   B=일반사회사업

[모형1]은 교회사회사업이 일반사회사업 속에 포함된 것으로 보는, 즉 교회사회사업을 일반사회사업과 동일시하는 견해로서 교회사회사업의 특성을 인정하지 않으려는 경우이다.

[모형2]는 그 반대의 경우여서 일반 사회복지의 실체를 무시하는 편협된 견해이다. [모형4]는 상호 이질적이고 배타적인 관계로 규정하는 견해이고, [모형3]은 교회사회사업과 일반사회사업의 공통점과 특성을 인정하고 상호 수용하는 견해를 보여주는 모형이다.

교회사회복지는 일반사회복지의 철학, 지식, 실천기술과 함께 기독교 영성이 포함된 특별하고 차별화되는 서비스를 제공하고자 하는 태도를 견지하여야 할 것이다. 즉 도움수요자(client) 누구에게나 인간(human being)의 존엄성과 인권에 대한 동등한 존중성을 하나님의 창조과학 관점에서 적용하고, 성경의 가르침대로 "주께 하듯 하고, 내 일처럼 동일시하는 마음"(골 3: 23, 마 25: 31-46, 마 22: 39)으로 접근해야 한다.

사회복지 실천 계획은 누구를 대상으로 할 것인가, 어떤 급여(서비스)를 제공할 것인가, 그 재원은 어떻게 조달할 것인가, 그리고 어떻게 서비스를 전달할 것인가 라는 물음에 대한 적절한 해답을 마련하는 것이다. 그리고 교회사회복지는 이러한 모든 것이 먼저 성경적으로 합치되는 사업, 보편주의적인 관점보다는 선별주의적 관점에서 가난한 자, 소외된 자를 우선 대상으로 하고, 교회가 하기에 적합한 덕스러운 사업인지, 즉 지역사회의 타 기관 사업과 중복되거나 갈등의 소지가 있거나 비난받을 일이 있어서는 안 될 것이다. 물론 교회와 교인을 위한 프로그램이기보다는 교회가 속하는 지역사회와 이웃이 그 중심이 되어야 할 것이다. 따라서 지역사회의 요구와 지역주민의 욕구가 우선적으로 고려되어야 한다.

교회에서 실천하는 사회복지사업이나 프로그램은 대상과 목적, 교회의 능력, 자원활용 능력에 따라 다양하게 전개할 수 있을 것이다. 그러나 가장 먼저 유념해야 할 것은 교회의 사회복지사업이나 프로그램이 무엇이든지간에 그것이 '성경이 바라는 것, 교회에 덕스러운 것 그리고 이웃이 원하는 것' 이어야 할 것이다.

2) 통전적 선교관에 의한 SILOAM 모델 적용

루터는 교회가 전념해야 할 일은 복음을 선포하는 선교사업이지 구제사업이 아니므로 시설수용 구제사업이나 재활능력이 되지 못하는 구제사업을 반대했다. 국가가 시설관리 책임을 맡아야 하고 모든 도시는 도시 빈민을 위하여 구제시설을 갖추어야 한다고 주장하면서 교회의 직접적 개입을 반대했고, 제2차적 위치에서 재정을 적극 후원하도록 주장하였다. 반면에 칼빈은 빈민구제를 사도적 책무(Apostolic Obligation)라고 하면서 교회가 하는 국가와 독립된 기독교적인 시설수용 구제사업을 이상적으로 보았으며 구제사업이 교회전도사업의 한 부분으로 시행되어야 한다고 주장했다(박영호, 1989: 59-60).

현대적 상황으로 이해한다면 루터는 교회가 전적으로 구령사업에 힘쓰고 사회복지는 일선에서 직접적으로 실천하기보다는 재정지원 등을 통하여 간접적으로 참여하자는 것이고, 칼빈은 교회가 독자적으로 직접 사회복지를 실천해야 한다는 주장이다.

한국은 사회복지의 책임이 국가에 있음을 법문에서 밝히고 있어(사회보장기본법(제5조), 사회복지사업법(제4조)) 이념적 제도적으로는 교회의 사회복지개입이 제1차적 책무는 아니다. 그러나 통전적 선교를 지향하는 교회는 사회복지 실천을 전도와 동일선상에 놓고 접근하고자 해야 할 것이다. 박종삼(1994)은 "통전적 선교란 전도와 사회적 책임의 실천을 불가분리적으로 포함하는 개념이다. 이 두 요소는 하나가 다른 쪽에 종속하거나 의존해 있지 않고 각각 독립적이며 동역적인 관계를 유지한다. 마치 가위의 양 날, 마차의 두 바퀴처럼 서로 상호작용함으로써 온전한 기능을 발휘할 수 있다고 생각한다."고 했다.

교회사회복지의 실천 태도와 관련해서 유장춘(1998)은 지금까지 교회의 사회사업에 대한 비판 속에는 ① 교회 안의 사람들을 위한 봉사는 있어도 지역사회와 세상을 향한 대외적 봉사는 매우 형식적이거나 빈약한 상태이며, ② 예배와 절기 등 종교 행사에 머물고 있을 뿐 지역주민의 실생활까지 연결되지 않고 있으며, ③ 개교회의 교세확장, 시설확충, 외형적 교회 성장에만 치중한 나머지 지역주민을 위한 봉사는 외면하였으며, ④ 장기적이고 미래지향적인 선교보다는 현실 안위적인 타협에 급급하다는 것과, ⑤ 지역주민에게 복음과 구원은 나누어 줄 생각이 있어도 재정과 시설과 사람, 더 나아가서 가슴을 함께 나눌 용의는 없다고 지적했다.

이러한 비판은 우리 사회가 교회사회복지에 대한 기대가 일반기관의 그것보다 상대적으로 큰 탓도 있겠지만, 교회가 사회복지를 실천함에 있어서 과연 통전적 선교관을 바탕으로 기독교 영성을 갖춘 전문가를 활용한 주도면밀한 계획과 실행 등을 통하여 차별화된 서비스를 제공하고 있는가 하는 반성과 함께 앞으로 불식시켜야 할 중대한 과제로써 교회가 겸손하게 수용해야 할 것이다.

이러한 맥락에서 영락사회복지재단 연구팀에서 제시한 SILOAM모델은 교회가 지향해야 할 가장 적합한 교회사회복지 실천 모델이라 할 수 있다. 이 모델은 교회가 도움을 필요로 하는 자(consumer)를 찾아나서야 하고(Search), 그들의 실존적 가치와 내재적 능력을 인정해주고, 하나님의 뜻과 섭리 안에서 그들이 자신의 정체성을 발견하도록 도와주고(Identity), 사례관리(case management)를 통한 재활(신체적, 심리적, 경제적, 사회적, 영적)에 계획적으로 개입하고(Lord map), 그들에게 참여하고, 소유하고, 자신을 발전시키고, 다른 사람처럼 누려야 할 기회를 제공하고(Opportunity), 궁극적으로는 실로암 못에서 예수님에 의해 눈을 뜬 소경이 고침받음을 통하여 하나님께 영광을 돌리고 주님을 증거한 것처럼 교회(교회복지기관)를 통해 변화받은 사람들을 통하여 교회의 사회복지 실천이 드러나고 하나님의 사랑을 증거하게 함으로써(Apostle), 교회(교회사회복지 실천기관 혹은 현장)의 지역사회선교센터화가 이루어지고 선교사명을(Mission) 다하게 한다는 것이다. 이 모델은 그리스도가 실천한 사역(눅 9: 1-41)을 적용한, 오늘의 교회가 수행해야 할 교회사회복지의 실천모델로써 통전적 선교의 방법으로도 널리 활용되어야 할 것이다.

3) 최상의 서비스, 최적의 환경, 최대의 자원 투입

교회는 사회복지서비스를 필요로 하는 수요자에게 최상의 만족을 제공하고 일반 사회복지공급자보다 고품질의 서비스를 제공해야 한다. 기독교 신앙에서 우러나는 사랑을 바탕으로 하는 서비스가 세상의 그것과 같다면 교회사회복지의 특성은 인정받을 수 없으며, 그 정체성 또한 논하기 어려울 것이다. 교회가 관련되는 서비스라면 사회적 기대도 크며 교회는 마땅히 그 기대를 외면해서는 안 된다. 따라서 교회의 규모와 형편에 따라 어쩔 수 없는 경우도 있지만 교회의 사회복지 실천은 최적의 환경을 갖추도록 하고 교회 재정이나 교회가 갖고 있는 인적자원, 시설 조직 등을 가능한 한 최대한 동원하도록 노력해야 할 것이다. 일반 복지기관에 비해 시설·환경·서비스·운영능력 등이 우수하다면 신앙 활동이나 전도행위가 정당화 될 수 있지만 반대인 경우는 교회사회복지의 정체성조차 훼손될 수 있을 것이다.

최근에는 종교기관에서 정부가 설치하는 시설을 위탁운영하는 사례가 증가하고 있다. 수탁자 선정기준이 여러 가지가 있겠으나 재정부담 능력이 가장 중요시되는 기준 중 하나이기 때문에 일반 민간 법인 단체에 비해 상대적으로 재정동원능력이 우수한 대부분의 종교재단이 경쟁력이 있고, 또한 종교기관에 대한 신뢰도 다소 작용한다고 볼 수 있다.

그러나 일부에서는 사회복지법인이나 사회복지를 목적으로 하는 비영리법인 단체 등이 밀려나고 종교법인이 수탁자로 선정되는 데 대한 비판이 있으며, 이런 사회적 비판 속에는 종교법인이 일반 사회복지기관과 다를 바 없는 사회복지 실천 태도를 취하는 데 대한 부정적 시각이 있음을 간과하지 말아야 할 것이다. 그리고 사회와 교인은 교회의 헌금이 사회약자들을 위해 좀 더 많이 사용되는 것을 원하고 있다는[2] 현실을 무시하지 말아야 한다.

2) 한국갤럽이 실시한 '2004 한국인의 종교와 종교의식' 에 관한 설문조사결과(2004. 1. 13~1. 31.
   까지 만 18세 이상 전국 성인 남녀 1,500명을 대상으로 가구 방문을 통한 1대 1 개별 면접조사,

따라서 교회의 사회복지 실천에 있어서는 정부의 재정지원을 최소화하고 자체부담을 최대화하는 방안을 강구하여야 할 것이며, 큰 규모의 교회라면 정부의 지원을 전혀 받지 않고 자체적으로 시설을 설치하고 운영하는 방법을 시도하는 것이 가장 바람직하다고 생각한다.

교회가 통전적 선교관을 바탕으로 최대의 자원투입을 통하여 최적의 환경과 최상의 서비스를 목표로 사회복지 실천에 진력하는 것은 교인들의 교회에 대한 자부심 그리고 사회복지 실천에 대한 주체의식과 선행일치되는 삶에 대한 신앙성취감을 갖게 하고, 교회사회복지의 정체성에 대한 사회적 인가(social sanction)를 얻게 되어 궁극적으로는 교회의 자연성장으로 이어지는 선순환의 고리 역할을 하게 될 것이다.

3. 교회사회복지 실천의 유형과 프로그램

1) 교회사회복지 실천의 유형

유장춘(1998)은 교회사회사업의 형태를 9가지로 나누고 있는데 각 내용을 요약하여 살펴보면 다음과 같다.

첫째, 교회가 시작될 때부터 사회봉사적 동기로 출발하여 사회봉사를 교회의 일차적 중심 사역으로 설정하고 실천하는 교회들이다.

둘째, 교회가 성장하여 규모가 확장되고 어느 정도 시설과 인적,

국민일보 2005. 8. 6., 22면 기사)에 의하면, 개신교인들은 자신이 낸 헌금이 전도·선교 (24.9%)보다도 가난한 이웃을 돕는 데 더 많이(50.1%) 사용되기를 희망했다.

재정적 자원이 형성됨에 따라 교회에 부속된 시설을 마련하고 사회복지법인, 또는 비영리법인을 설립하여 사회복지 기관이나 봉사관을 운영하면서 교회의 다른 사역과 병행하여 복지사업을 펼쳐나가는 교회들이다.

셋째, 교회의 여러 부서들 중 구제부 또는 봉사부를 설치하고 교회에 소속된 신도들이 지역사회복지 기관이나 시설에 방문하는 등 보조적 프로그램을 운영하는 형식이다.

넷째, 영세적인 교회가 기존의 시설을 이용하여 어린이 집, 공부방, 놀이방 등을 운영함으로써 지역사회의 주민들과 접촉하고 전도적 목적을 성취하는 한편, 약간의 재정적 수익을 올리고자 하는 활동들이다.

다섯째, 교회 성도 중에 자원봉사에 뜻이 있는 사람들이 지역사회에서 개별적인 사회봉사 활동을 하는 경우이다.

여섯째, 교단적 차원에서 행하고 있는 사회봉사의 형태이다.

일곱째, 연합적인 차원에서 큰 교단이나 한 지역의 교회들이 초교파로 협동하여 사회 활동을 전개하는 경우이다.

여덟째, 경실련이나 기윤실 등과 같이 기독교계의 지식인과 지도자들이 기독교 정신을 따라 발족한 비영리 시민단체들이다.

마지막으로, NCC와 WCC와 같은 국가적, 국제적인 차원의 초교파적인 연합조직들이다.

박종삼(2000)은 교회사회복지적 실천모델 세 가지(Model A, B, C)를 제시하였다. Model A는 교회가 사회복지재단을 설립하고 체계적 전문적 사회복지서비스를 제공하는 모델이고, Model B는 교회 건물을 중심으로 교회자원을 동원하여 자원봉사적 서비스를 지역주민에게 제공해주는 모델이며, Model C는 교회는 그 자체로 사회봉사를 실시하지 않고 다만 자원봉사요원으로 교인을 훈련시켜 지역사회 내 여러 복지시설이나 기관 또는 요보호가정에 파송하여 사회봉사를 실시하는 모델이다. 유수현(1999)은 이러한 3가지 모형을 수정하여 교회의 지역복지 참여 형태를 적극적, 소극적, 간접형으로 분류하고 각 유형별 특성과 장단점을 제시한 바 있다. 여기서는 교회의 사회복지와 관련한 위의 견해들을 토대로 하여 다음 〈표 5〉과 같이 교회사회복지의 실천유형을 제시하고자 한다.

교회사회복지의 실천유형은 교회의 규모나 지역의 특성에 따라 다양하게 연구되어야 할 것이나 여기서는 대도시중심의 중소형교회, 대형교회, 초대형교회 및 교회연합으로 구분하여 교회사회복지의 유형화를 시도하였다. 그리고 이종우(1999)가 대도시 교회규모에 대하여 소형교회는 교인 100명 이상 300명 미만 교회, 중형교회는 교인 300명 이상 1,000명 미만 교회, 대형교회는 교인 1,000명 이상 3,000명 미만 교회, 초대형교회는 교인 3,000명 이상 교회로 구분한 것을 인용하였으며, 단 소형교회와 중형교회의 경우는 통합하여 구성하였다.

각 유형은 특성과 장단점이 있을 뿐 상호보완적일 수 있으며, 가장 바람직한 유형은 해당 교회가 적용하기에 가장 적합한 바로 그 유형이라고 할 수 있다. 또한 교회가 어느 한 유형을 배타적으로 적용하기보다는 개별 교회의 다양한 형편과 지역상황에 따라 적절히 혼합적으로 적용할 수도 있을 것이다. 다만 기독교 사회복지차원에서 궁극적으로는 교회가 개교회 특성에 맞도록 재산을 운용하고 사업 및 프로그램을 수행함에 있어서 독립과 자율을 최대한 보장하면서 주민친화적이고 지역사회친화적이며 통전적 선교관을 바탕으로 SILOAM모델을 실천할 수 있는 유형을 지향하는 것이 좀 더 바람직하다고 생각한다.

사회복지를 실천하는 모든 교회들이 어떤 유형으로 사회복지를

<표 5> 교회사회복지의 유형

구분	개교회형		교단 법인형	독자 법인형	연합형
	간접 실천형	직접 실천형			
특성	교육 훈련 및 봉사실천기회 제공유형	교회 자체적 (비법인)으로 사업체 설치 운영유형	교회가 속한 교단의 법인명의로 사업유형	교회가 목적사업을 위한 별도 법인설립 유형	사업효과를 위하여 교단 혹은 타기관과 연합유형
운영 주체	특별부서, 위원회	교회 (사회복지 위원회)	법인(이사회)	법인(이사회)	연합체 (합동운영위원회) 혹은 주관기관
운영 방식	교회가용 자원활용	교회가 주체적으로 지역복지서비스	교회가 실제운영자 /전문가 활용	법인중심의 독자운영/ 전문가 활용	교회 간, 교회 -기관 단체 기업과 연합사업
사업 형태	자체프로그램 (노인대학, 부모교육, 시설위문 등)	사회(복지)관 등 교회부설기관 운영	주로 정부사업위탁운영 (관설민영)	사회복지시설/ 설치 운영 (민설민영)	전국적, 국제적 사업, 특수한 사업 등 연합기획실행
실천 모델	SILOAM모델				
인력	교회지원 최소인력 (자원봉사자 활용)	교회지원인력	정부보조법정인원 +법인지원인력	정부보조 법정인원 +법인지원인력	연합체간 합의 필요인원
재정	거의없음 (참여자 개별부담)	교회자체부담	정부보조 +법인지원	정부보조 +법인지원	연합체간 합의
장점	재정, 시설, 인력 등 부담 거의 없음. 자율성, 신속대처성, 융통성	정부불간섭. 교회를 지역복지센터화. 교인의 봉사 참여도 높음	시설설치비 없음. 전문성, 운영비 지원으로 재정 안정성	시설기능보강 지원, 전문성, 운영비 지원으로 재정 안정성	재정 인력 시설, 지식 기술 등 상호보완-효과극대화
단점	내부특별행사화 형식화 가능. 교회의 사회참여 미흡	재정부담 큼. 이용 및 수혜대상범위 제한 우려	정부간섭, 종교 활동 제한성, 재수탁 등 운영체계 복잡성 여지	정부간섭, 기본재산활용 제한성, 재정부담, 종교활동 제한성	주도권, 팀워크, 공과에 대한 다툼 등 이견 여지
적용 교회	중소형교회	대형교회		초대형교회	각교회, 교단, 기독교단체 연합
사례	낙골교회, 아산도고중앙교회, 인천길교회, 포항흥해중앙교회, 구세군여주교회, 새터교회, 진천교회 등	덕수교회, 도림교회, 연수제일감리교회 등	만수교회, 신생감리교회, 은혜교회 등	영락교회, 사랑의교회, 충현교회 등	낙골교회, ○○교회와 월드비전, 기독교사회봉사회, KNCC, 한우리감리교회와 강서지역 교회협의회 등

---- : 경계가 분명하지 않은 경우

실천하든지 SILOAM모델을 적용함으로써 인간을 변화시키는 사역을 수행하도록 보냄을 받은 자(SILOAM은 '보냄을 받았다' 는 뜻, 눅 9: 7)의 역할을 다하여야 하겠지만, 특히 개교회직접실천형은 이러한 사명을 감당하기에 가장 적합한 교회사회복지 실천 유형으로써 가장 많은 중·소형 규모의 교회가 적용할 수 있는 장점이 있기도 하다.

한편 이런 유형은 교회위주, 선교위주, 비전문적, 현실안위적인 프로그램으로 치우칠 수 있으며 이용자나 지역사회가 기독교 종교성에 대한 거부감이나 경계감을 느끼게 할 수 있어 교회시설·자원·조직 등의 활용이나 프로그램 성격에 있어서 "교회(전도)를 위한 사업"이라는 인상을 주기보다는 "지역사회를 위한 봉사"라는 인식을 줄 수 있도록 세상을 향해 과감하게 열려 있는 모습을 보여 주어야 하는 것이 요구된다. 그리고 이웃교회, 사회복지 및 보건 의료 기관 단체, 교육기관, 시민사회단체 등과 혹은 공공기관이나 기업 등과도 연계하여 사업이나 프로그램을 공동추진하는 것도 좀 더 나은 방법일 수 있을 것이다.

2) 교회사회복지 프로그램

최성재(1996)는 교회가 할 수 있는 바람직한 사회사업프로그램으로 판단할 수 있는 8가지의 기준을 다음과 같이 제시하고 있다. ① 정부에서 반드시 해야 하는 것 중에 정부가 하지 못하고 있는 것, ② 사회의 변화에 따라 새롭게 나타나는 사회문제나 욕구로서 시급한 해결이 요청되는 것, ③ 특수한 전문지식과 기술이 없지만 훈련을 받으면 할 수 있는 것, ④ 교회가 위치한 지역사회의 특성에 적합한 것, ⑤ 일회적인 것보다는 계속적으로 할 수 있는 것,

⑥ 가능하면 많은 사람에게 도움을 줄 수 있는 것, ⑦ 최저한의 생계유지나 일상생활유지 이상의 욕구인 경우는 가장 공통적인 욕구를 충족시켜 주는 것, ⑧ 필요한 경우는 비용의 일부 또는 전부를 받아도 무방한 경우 등으로 요약할 수 있다고 했다(최성재, 1996: 41-67).

교회사회복지 실천은 목회자의 통전적 선교관과 실천하고자 하는 의지 여하에 달려있다고 볼 수 있다. 물론 그 규모와 특성, 자원과 수행능력에 따른 차이가 있겠지만 통전적 선교관에 의한 목회는 목회 그 자체 내에 사회(약자)에 대한 섬김, 나눔, 돌봄이 포함되어 있기 때문에 어느 곳이든 교회가 있는 그곳에서 교회의 형편과 실정에 맞게 교회가 할 수 있는 프로그램을 시도하여야 할 것이다. 〈표 6〉의 프로그램은 역시 대도시 중심의 교회가 할 수 있는 교회프로그램을 제시해 보았다. 이것은 하나의 예시에 불과하지만, 교회가 사회복지를 실천하고자 하는 의지가 있는 한 예시된 프로그램을 적용하거나 모방·응용하거나 또는 전혀 새로운 프로그램을 교회 실정에 맞게 창의적으로 기획하여 수행할 수 있을 것이다.[3]

---

3) 대형교회프로그램에는 중소형교회의 프로그램을, 초대형교회의 프로그램에는 기타 모든 프로그램을 포함할 수 있다는 것을 전제로 〈표 6〉을 보기 바란다.

<표 6> 교회사회복지 프로그램 예

대상	초대형교회	교회연합
아동·청소년	아동복지관, 청소년스포츠프로그램, 청소년음악회, 아동학대예방사업, 어린이도서관	장애 및 비장애 합동 문화체험·캠프·음악회, 치과진료
장애인	장애인복지관, 장애인단기보호, 장애인체육실, 장애인직업재활, 장애인작업장	장애인권익대변·옹호사업 이동·외출차량봉사단, 장애체험
노인	노인복지관, 단기보호시설, 양로시설, 전문요양시설, 틀니지원, 치매노인 돌봄	경로잔치, 노인학대 예방사업
여성	미혼부모상담보호, 여성직업훈련, 여성복지관	자원봉사단 운영
가족	가정폭력상담 및 쉼터, 건강가정지원센타, 모부자가정상담 및 일시보호	부모교육, 아버지학교, 가족관계강화프로그램, 가족캠프
기타	종합사회복지관, 신협, 생협, 자원봉사학교, 주민휴게실, 노숙인쉼터, 장애 및 일반 영유아통합어린이집, 외국인근로자복지센터, 주민도서실, 자활후견기관, 주민PC방	마을축제, 주민운동회 등 공동체운동, 농어촌(장애)아동도시문화체험 주관, 자원봉사학교

대상	중소형교회	대형교회
아동·청소년	공부방, 어린이집, 지역아동센터, 컴퓨터교실, 소년소녀가장 돕기, 야학, 아동캠프, 수화교실, 미술치료, 학습지도, 동아리 지도	예체능교실, 장학사업, 청소년상담지도, 청소년수련관, 결연후원, 아동학대예방 그룹홈
장애인	시설방문, 이동·외출지원, 원예치료, 이미용 재가 장애인 격려방문, 사회생활체험보조, 이미용	주간보호센터, 장애인권익대변·옹호사업 이동·외출차량봉사단, 장애인심부름센터
노인	말벗, 목욕시키기, 가사보조, 노인학교, 반찬 도시락배달, 노인시설위문, 이미용	노인대학, 주간보호센터, 경노당, 경노잔치, 실비요양시설, 노인작업장, 무료식사제공
여성	컴퓨터교실, 주부교실(교양, 문예 등), 상담, 멘토링	쉼터, 결혼준비학교, 모부자 가정상담, 미혼양육모 그룹홈
가족	상담, 모부자 가족 초대, 장애인가족	모부자 가족캠프, 장애인가정 가사보조
기타	이미용, 저소득층 사진 찍어주기, 시설위문, 알뜰바자회	교회개방, 문화교실, 지역신문, 의료봉사, 외국인 이주노동자복지, 주민독서실, 전화상담, 농촌 교회 마을 그룹별·계절별 봉사

4. 교회사회복지 실천의 분석

이 절에서는 교회사회복지의 사실상 효시라고 할 수 있는 영락사회복지재단 산하 사회복지시설을 분석한 내용을 소개하고자 한다. 1939년부터 70여년 간 교회사회복지를 실천한 영락사회복지재단의 사업을 SILOAM모델에 따라 적용해 보았을 때, 우선 영락의 사회복지 실천은 도움이 필요한 아동, 노인, 모자세대, 장애인 등 복지 대상자를 찾아갈 때(Search), 복지 대상자를 하나님의 형상으로 지음 받은 존재로 존중하였다(Identity). 또한 하나님의 말씀 안에서 영락교회가 Lord map을 만들어 영락사회복지재단 산하 영락 보린원, 영락모자원, 영락노인복지센터, 합실어린이집, 영락애니아의집 등을 설립하며, 각 기관이 복지 대상자의 실로암으로서 역할과 기능을 하고 있다.

특히 이들 기관에서는 보육과 교육, 훈련과 치료, 재활과 복지 프로그램의 기회(Opportunity)와 함께 신앙생활 프로그램 등 영혼 구원의 기회도 제공하고 있다. 영락사회복지재단은 실질적 복지 대상자가 말씀을 전파하는 사역자(Apostle)가 된 사람이 있는가 하면, 복음 전파의 증인이 되는 등 복지가 선교(Mission)임을 다시금 제시해 주고 있다.

1) 영락보린원의 현황과 발전 방안

(1) 영락보린원의 현황

영락보린원은 1939년 5월 평북 신의주 제2교회에서 목회하던 한경직 목사가 이 땅의 부모가 없는 불우한 어린이를 믿는 자로서 마땅히 보호하고 교육해야 한다는 기독교 정신에 따라, "고아와 과부를 돌아보고"(야고보서 1: 27)라는 주님의 말씀에 근거하여 설립하였다. 2004년까지 1,200여명의 아동들을 보호·양육하여 사회의 건전한 시민으로 자립시켰으며, 그 중에는 의사 2명, 목회자 9명, 공무원 10명, 간호사 2명, 은행원 3명, 회사원 351명, 상업 107명, 주부 224명 등의 분포를 보이고 있다.

현재 영락보린원은 자아실현과 건전한 사회인의 진출을 위한 7가지 운영목표로 성숙한 그리스도인, 예의바르고 정의로운 자, 자립심과 의지력이 강한 자, 몸과 마음이 건강한 자, 협동하는 자, 근면·책임감 있는 자, 감사하는 자의 양육을 위해 운영되고 있다.

2004년 말 현재 전국에는 아동복지시설 279개소에서 18,818명의 아동이 보호를 받고 있다. 영락보린원에는 현재 90명의 아동 중 2세 미만의 영아반 6명과 6세 미만의 미취학 아동 7명, 초등생 40명, 중학생 26명, 고교생 11명이 9개 숙사에서 23명(사회복지사 16명, 간호사 1명, 영양사 1명)의 직원과 함께 생활하고 있다. 그 중 13명의 생활지도원들은 직원 2부 근무교대제가 지원되지 않고 있어 주 1박 2일 휴무 외에는 항상 아동들과 24시간 같이 거주하며 생활하고 있다. 또한 이곳에서는 생활지도, 안전교육, 집단 활동, 인지적 발달, 정서지도, 음악지도, 체육활동, 사회성 개발, 가정복귀, 자치활동, 신앙교육, 양호실 운영 등을 위한 전문 프로그램을 통해 아동을 양육하고 있다.

특히 최근 2년 동안에는 입소아동 35명 중 아동학대로 인한 입소가 10명(33%)으로 나타났고 연령층도 미취학이 14명(50%)으로 입소아동이 저연령화되고 있으며, 또한 정신지체아동, 전문상담치료 및 주의력결핍 과잉행동장애 아동들이 다수 입소하고 있는데, 이들은 부모의 이혼(42%)과 가출(29%) 및 질병, 복역으로 인해 가정이 해체된 비율이 전체 80%로, 방임·방치되고 학대받은 아동들이다.

이들은 가정이 파괴되었거나 학대를 받은 경험이 있는 생활조건에서 성장하며, 부모와의 분리경험이 있는 것 이외에도 환경적 특성으로 인해 일반가정의 아동보다 학습조건, 물리적, 정서적, 사회적 환경에서 양적, 질적으로 결핍된 상태라 볼 수 있다. 이로 인해 심한 갈등, 불안, 우울현상을 갖게 되어 타인에 대한 신뢰감을 잃어버리고, 쉽게 좌절하기도 한다. 뿐만 아니라 육체적으로 성장이 지체되고, 심적으로 상처를 입어 병적인 요인들을 내재한 채 시설에 입소하게 된다.

따라서 시설보호의 중요한 과제는 시설보호아동들이 사회생활에 원만하게 적응할 수 있도록 사회화의 역할을 담당하는 것이며, 이를 통해 사회적 가치관, 자립의식, 생활태도와 기술을 습득하도록 지도하는 것이라 볼 수 있다.

이를 위해 영락보린원은 아동복지시설의 4대 운영원칙에 의거하고 있는데, 먼저 정상화(normalization) 원칙에 따라 가정에 가까운 주거환경을 위해 9개의 소숙사에서 아동들이 생활하고 있으며, 개별화(individualization) 원칙에 따라 아동별 개개인을 위한 사례관리전문프로그램이 제공되고 있으며, 사회화(socialization) 원칙에 따라 지역사회에 적용하는 지식과 기술 및 생활태도를 습득하기 위해 적극적인 상호교류와 영락의집(그룹홈)이 운영되고 있으며, 통합화(integration) 원칙에 따라 지역사회로부터 격리, 구별되지 않고 지역주민들과 더불어 어울려 생활하며 자라도록 양육환경이 조성되어 운영되고 있다.

(2) 영락보린원의 발전 방향

① 치료중심의 전문아동복지기관

아동복지시설의 발전방향은 집단적 수용보호에서 소규모의 수용보호로, 시설보호중심에서 재가보호와 지역사회에 의한 보호 강조로, 그리고 세분화되고 전문화된 서비스 방향으로 발전되고 있다. 장차 시설보호 아동에 대한 고비용 양육비는 아동복지시설 기능의 대전환에 따른 전문화, 지역특성화를 더욱 요구하는 계기가 될 것이다.

따라서 앞으로는 가정위탁제도 및 입양에 대한 제도가 더욱 활성화될 것이며, 입양 및 가정위탁가정에서 부적절하거나 부적응되어 발생되는 아동이나, 학교 등교거부 및 이탈된 아동, 그리고 전문적 치료서비스가 요구되는 행동장애아동 중심의 전문보호시설(residential care)로의 전환이 예측된다.

현재의 20~30% 수준의 정신지체아 및 과잉행동 장애아, 위축행동아동들의 비율은 절반 이상의 수준까지 될 것이다. 이처럼 아동복지시설은 장차 아동 전문치료 기관의 중심이 될 것이다. 이를 위해 영락보린원은 지금부터 전문프로그램을 위한 교육훈련과 아웃소싱을 통한 외부 전문 인력의 적극적 활용을 통해 치료중심의 전문아동복지 기관으로 발전해 나가도록 노력해야 한다.

② 지역사회 아동을 위한 지역아동복지센터로 기능 전환

지역아동복지센터란 '지역사회 아동의 보호 · 교육, 건전한 놀이와 오락의 제공, 보호자와 지역사회의 연계 등 아동의 건전육성을 위하여 종합적인 아동복지서비스를 제공하는 시설'로 영락보린원의 설립취지와 지역사회 아동선교 사업의 일환으로 적극 추진해야 하는 사업이기도 하다. 지역사회의 결식아동 및 방임학대아동들과 해체 및 해체위기가정, 학교 부적응아동 중 빈곤 방임 56만명, 방과 후 보호대상 178만 명들이 시급한 보호대상이며, 이들에게 기독교 사회복지 해결접근이 절실한 이때 영락보린원은 중추적인 역할에 앞장서야 한다. 특히 영락보린원은 이를 위해 필요한 풍부하고 다양한 복지자원을 가진 조직이다. 시설과 전문인력 및 자원봉사조직을 효과적으로 활용할 때 지역사회 아동선교를 위한 목적달성을 수행할 수 있을 것이다.

③ 아동퇴소 자립 강화를 위한 그룹홈의 운영

시설아동 퇴소 후의 생활은 전적으로 개인의 책임으로 간주되므로 시설 내의 생활에서 철저한 자립준비프로그램을 통해 퇴소 후의 적응에 대처하는 일이 시급하다. 직업, 대인관계, 책임, 성인생활에 필요한 지식과 기술의 습득과 같은 관련 문제들이 직시되어야 하며, 이를 위해 최소한 거주지 알선, 직업구하기, 일상생활 과업의 훈련, 돈 관리, 자기보호를 위한 교육(개인위생, 술, 약물과 담배, 성문제), 일 습관과 공부습관 등에 관한 다양한 도움과 노력이 필요하다. 따라서 시설에서는 퇴소를 앞둔 아동들에 대한 자립심과 자조능력을 키워주는 자립준비 그룹홈을 운영하여 자활·자립을 위해 사회성 향상이 필요한 시기의 아동들에게 그룹홈에서 생활하며 자립을 위한 기술습득과 준비를 시키는 것이 무엇보다도 중요하다.

앞으로 아동복지 사업의 전망은 점차적으로 지역사회의 욕구를 기초로 한 통합성 및 접근성과 전문성을 요구하게 될 것이다. 이러한 고민과 행동을 실천할 때 영락보린원은 지역사회의 기존 복지 인프라와 연계한 종합적인 아동보호전문기관으로 거듭 발전하게 될 것이다.

2) 영락교회의 모자복지사업 현황 및 발전 방안

(1) 영락모자원 현황

영락모자원은 모부자복지법의 규정에 의해서 18세미만의 자녀를 양육하는 저소득 모자가정을 보호하며 그들이 자립하여 건강한 가정으로 사회에 복귀하도록 돕는 사회복지(생활)시설이다. 특히 영락모자원은 우리나라 최초의 모자복지시설로써, 6·25전쟁의 참상을 치유하고자 한경직 목사를 비롯, 고환규 장로 등이 1951년 7월부터 전쟁미망인에 대한 원호의 필요성에 의해 착념하게 되었고, 그 해 겨울 부산 서대신동에 천막 3동을 치고 남편이 전란 중에 공산당에 납치당했거나 순교당한 미망인가족 등 22세대(81명)를 수용하고 드디어 12월 18일에 역사적인 다비다모자원(현재의 영락모자원)을 개원한데서 시작되었다(영락모자원 43년사, 1990).

2004년 말 현재 전국 40개의 모자복지시설에서 914세대(2,559명)를 보호하고 있는 것으로 나타났고, 영락모자원의 경우, 2005년 3월말 현재 29가정 75명이 생활하고 있다. 아동을 지원하는 주요 프로그램은 미취학 보육 프로그램, 개별상담, 체험학습, 초등생 공부방, 소운동회, 그림글짓기대회 등이 있으며, 세대주 및 가족을 지원하고 있으며, 아동과 가족을 지원하는 주요 프로그램은 구역모임, 심리치유 특강, 민속의 날 행사, 어머니 컴퓨터 교실, 성교육, 모자 하계캠프, 가족합창 대회 등이 있다.

여타 사회복지생활시설들이 개인별로 입소되어 집단적으로 보호받고 있는데 비해 모자보호시설은 유일하게 가족단위로 입소하고 독립적인 가정생활을 하면서 3년간 보호받으며 가장 적은 직원

(4~5명)이 배치된 시설로써, 영아에서부터 노인까지 그야말로 남녀노유, 때로는 장애인 혹은 정신질환을 가진 다양한 사람들이 구성원으로 이뤄진, 한 지붕 수십 가정의 또 하나의 큰 가족집단이다. 반세기의 세월이 흐르는 동안 산업화, 도시화, 서구화의 영향은 가족의 형태에도 많은 변화를 가져왔다. 1970년대까지의 입소 생활자들은 배우자와 사별한 미망인들이 대부분이었다면, 지금은 이혼, 법적미혼 등 생별로 인한 모자가정이 대부분(약 83%)을 차지하고 있으며, 최근에는 미혼모로서 자녀를 자(子)로 입적시켜 혼자서 양육하는 양육미혼모 가정이 점차 증가하는 추세에 있다. 이러한 특성과 정부의 정책적 홀대, 그리고 사회적 무관심(아동의 보호자가 있다는 이유로) 등은 실제로 모자복지 시설이 가장 운영하기 힘든 곳으로 인식되게 하고 있기도 하다.

현재 전국 40개소 모자원의 대부분이 기독교를 배경으로 설립 운영되고 있으며(서울, 경인, 강원지구 전체시설이 기독교 배경), 영락모자원은 교회가 실제적 운영주체로서 법인(영락사회복지재단, 이하 재단으로 표기)을 통하여 운영하는 사회복지 실천 현장이며, 기독교 신앙지도를 가장 체계적으로 시행하고 있는 시설 중 하나다. 또 대부분의 시설이 법인과 구분 없이 동일시되고 시설장이 세습적으로 이어지는 등 운영체제가 사적 개념의 틀에서 완전히 벗어나지 못하고 있는데 비하여, 영락모자원은 재단의 철저한 감독 및 지도와 시설장의 공채 등 명실상부하게 공개념 체제로 운영되고 있다.

예산은 영락모자원 2004년 결산에 의하면, 총 세입의 21.4%가 재단의 지원이었고, 정부보조는 69.5%였다. 시설운영은 정부의 반기별 지도감사 외에, 매월 재단의 회계감사를 받고 업무보고를 하는 등 철저한 지도감독 하에 있으며 정부의 두 차례(2000년과 2003

년)에 걸친 전국 여성복지시설평가에서 모두 최우수 군에 속하는 평가를 받았다.

(2) 과제 및 발전 방향

최근 사회복지의 중심축이 지역사회로 이동하는 것과 함께 연쇄되는 일련의 사회복지 환경의 변화는 민간차원의 복지서비스 공급 확대 참여를 요구하고 있으며, 가장 대표적인 민간복지자원체계라 할 수 있는 교회의 역할에 대한 기대가 사회적으로 전보다 훨씬 높아지고 있다.

이미 당대의 사회적 요구에 부응해서 6·25전쟁의 상처를 치유하는 데 앞장서 온 영락교회는 기독교 사회복지를 실천해 온 선구자요, 한국교회의 사회복지모델을 제시하고 있다는 자긍심과 함께 그 책임감을 이 시대에 비추어볼 때, 현재의 사회복지사업을 새롭게 구체화하고자 하는 범 교회적 인식과 노력이 필요하다. 이러한 맥락에서 그 당시의 다비다모자원이 전쟁의 상처로 인해 위기에 처한 가정을 구하기 위한 가족복지사업으로 시작됐다면 오늘의 영락모자원은 이 시대 우리사회가 요구하는 가족복지 실천을 선도해야 하는 과제를 안고 있다고 본다. 때마침 건강가정기본법이 제정되고 효 실천 장려에 관한 입법 노력 등 가정문제를 해결하고자 하는 사회적 움직임이 증대되는 가운데 이미 교회와 영락모자원이 모색해야 할 방향이 예시되고 있다고 보면서 다음의 몇 가지를 제안한다.

첫째, 철저한 교회사회복지 실천을 위한 선택 필요

교회사회복지를 효과적으로 수행하기 위해서는 정부지원을 최소화하고, 교회재정의 적절하고 과감한 투입이 필요하며, 시설환경 및 서비스를 최적화(optimum)할 뿐만 아니라 SILOAM모델을 보다 체계적으로 적용함으로써 비기독교기관과 현격하게 차별되고 특성화되는 교회사회복지 모델을 이루어야 할 것이다. 미국의 모자복지시설인 Vision House는 정부의 지원을 받게 되면 기관의 종교적 신념에 따른 서비스를 제공하는 데 제약을 받는다는 이유로 재단 예산과 기부금으로만 운영하면서 정부보다는 지역사회와의 친화관계를 중요시하고 있다.

둘째, 다양한 복지욕구에 대응한 다원적 · 통합적 가족복지서비스 필요

(1) 가정문제의 예방 · 상담 및 치료, 건강가정의 유지를 위한 프로그램의 개발, 가족문화운동의 전개, 가정관련 정보 및 자료제공 등을 위한 건강가정지원센터(건강가정기본법 제35조)를 설치 · 운영하고, (2) 지역사회 아동의 보호 · 교육, 건전한 놀이와 오락의 제공, 보호자와 지역사회의 연계 등 아동의 건전육성을 위하여 종합적인 아동복지시비스를 세공하는 지역아동센터(아동복지법 제16조)를 병설 · 운영하고, (3) 배우자(사실혼관계에 있는 자를 포함한다)가 있으나 배우자의 물리적 · 정신적 학대로 인하여 아동의 건전양육 또는 모의 건강에 지장을 초래할 우려가 있을 경우 일시적으로 또는 일정기간 그 모와 아동, 또는 모를 보호하는 모자일시보호시설(모부자복지법 제19조)을 설치 · 운영하는 것이다.

교회(재단)가 모자원, 건강가정지원센터, 지역아동센터 및 모자일시보호시설을 운영하되 건강가정지원센터는 교회의 재정(민간재원)만으로 운영하며, 나머지 3개 시설은 정부의 재정을 적극적으로 지원받으면서도 타 법인에 비하여는 상대적으로 자부담을 많이 하는 것이 바람직하다(아래 그림 참조). 이렇게 변화하여 수행

하는 영락교회의 사회복지사업은 일정 부분의 재정을 전담함으로써 기독교 영성복지서비스의 주체성을 확립할 수 있으며, 정부-교회-지역사회의 협력체계를 기반으로 지역복지를 선도하는 수범을 보이고, 교회-시설-교인이 사회복지 실천에 주체적, 자율적, 적극적으로 참여할 수 있는 동기와 명분을 강화할 수 있다.

〈그림 1〉 영락교회 모자복지 실천 모형안

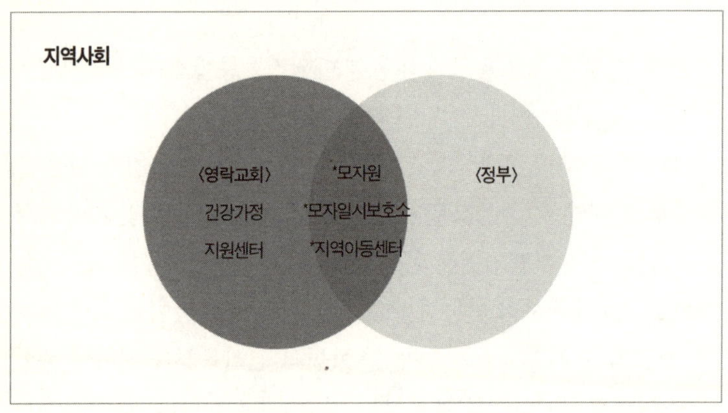

　　이러한 모형은 지역사회와 함께하는 교회(church in context), 지역주민을 위한 교회(church for neighbors), 지역사회의 교회(community church)를 지향함으로써 궁극적으로는 교회의 사회적 이미지를 제고하고 사회복지 실천 현장을 통전적 선교의 장(場)으로 특성화할 수 있을 것이며, 타 교회에 파급효과를 주고 교회의 자연성장에도 기여하게 될 것이다.

3) 영락노인복지센터의 현황과 발전 방향

　　오늘날 우리나라의 노인생활문제에 대하여서는 가족이라는 테

두리 안에서 해결할 수 있는 가족적 대처의 한계와, 이에 대한 사회적 개입의 필요성을 강조하는 사회복지의식이 날로 높아져 가고 있다. 영락교회의 노인복지사업은 1941년 신의주 연사동에서 보린원을 시작으로, 1952년 서울에서 양로시설인 영락경로원, 1992년 영락가정봉사원파견센터, 1993년 영락요양원이 각각 개설되었다. 그리고 1994년에는 영락경로원, 영락요양원, 영락가정봉사원파견센터, 영락노인복지회관을 부대시설로 하는 영락노인복지센터, 2005년에 영락주간보호센터를 개설하였다.

다음에서는 높아지고 있는 사회복지 인식과 더불어 현대사회에서 노인복지에 대한 이해와 우리나라 노인의 생활실태를 바탕으로 현재 운영되고 있는 영락노인복지센터의 현황을 살펴보도록 하겠다. 또한 노인복지의식의 향상과 더불어 변모하고 있는 영락노인복지센터의 향후과제 및 발전방안을 모색해 보고자 한다.

(1) 영락노인복지센터의 운영 현황

경기도 하남시 풍산동 산33번지에 위치하고 있는 영락노인복지센터는 노인주거복지시설로서 무료양로시설인 영락경로원, 노인의료복지시설로서 무료요양시설인 영락요양원, 그리고 재가노인복지시설인 영락가정봉사원파견센터의 3개 시설로 구성되어 있다.

영락노인복지센터의 연령별 입소현황에 있어서는, 고령화 현상, 특히 75세 이후의 후기고령화 현상이 뚜렷하며, 장애 면에서는 치매를 비롯한 중풍이 현저하게 나타나고 있다.

영락경로원은 건강한 노인을 대상으로 하는 양로시설임에도 불구하고 건강상태가 양호한 노인은 1명에 불과하며 치매, 중풍 등 중복장애 현상이 심각하여 양로원 본래의 기능을 상실한 상태이다. 입소노인에 대한 노인복지서비스 프로그램으로는 외상환자 및 치매사업, 재활사업, 권리사업, 지역사회연계사업 등이 있다.

영락요양원의 입소자의 경우 입소자의 요개호상태가 불명확하며, 영락가정봉사원파견센터는 이용자가 정원을 초과하고 있고, 허약노인이 전체 이용자의 약 70%를 차지하고 있으며 와상 및 치매, 중풍 등에 대한 요개호도가 명확하지 않은 실정이다. 입소노인에 대한 노인복지서비스 프로그램으로는 신변처리를 중심으로 하는 기초생활보조서비스, 권리보호서비스, 식사서비스, 대화증진서비스, 호스피스 및 장례사업 등이 있다.

영락가정봉사원파견센터는 혼자 일상생활을 영위하기 어려운 노인이 있는 가정에 가정봉사원을 파견, 노인의 일상생활에 필요한 각종 편의를 제공한다. 서비스 프로그램은 가사지원서비스, 말벗서비스, 이동서비스, 우애방문서비스, 일일보호서비스, 식사배달서비스, 응급벨 설치 서비스, 각종 상담 및 교육서비스 등이 있다.

영락주간보호센터는 보호가 필요한 재가노인을 대상으로 낮 시간동안 가족의 기능을 대신 수행한다. 서비스 프로그램은 재활서비스 · 사회적 서비스를 위주로 이미용서비스 · 목욕서비스 · 상담전화 등이다.

(2) 영락노인복지센터의 과제와 발전 방안

사람에게 있어서 본래 바람직한 일상생활의 장은 가정과 그 가정이 위치하고 있는 지역사회이다. 그러나 부득이하게 사회복지시설에서 생활을 영위해야만 하는 경우에는 가정과 지역사회에서의 생활에 좀 더 가깝도록 하는 것이 바람직하다.

영락노인복지센터의 현황과 우리나라노인의 생활실태조사보고서를 바탕으로 그 과제와 발전방안을 다음과 같이 모색해 볼 수 있다.

· 사회적으로 하남시의 지역노인에게 열린 활동의 장을 제공
  한다.
· 복지적으로 시대에 알맞은 바람직한 노인복시설의 유형과 기
  능을 갖춘다.
· 신체적으로 의료, 복지, 보건이 연계하여 종합적인 서비스를
  제공한다.
· 정신적, 영적으로 심리적, 정서적 안정을 도모할 수 있는 영적
  활동을 강화한다.
· 교육적으로 사회복지 및 사회교육서비스를 제공한다.
· 문화적으로 지역의 복지문화를 창조하고 유지·발전할 수 있
  도록 한다.

구체적으로 영락노인센터의 기능과 역할에 따른 발전 방안을
제시해 보면 다음과 같다.

첫째, 시설의 지역사회화

앞으로 노인복지시설로 지역사회에 기여하는 시설이 되도록 사
업의 영역을 확대해야 한다. 근본적으로 노인복지센터는 지역의
노인에게 열린 활동의 거점이 되어야 한다. 이를 위해서는 시설을
지역사회에 적극 개방하고, 지역 어르신들에게 시설물뿐 아니라
시설 어르신과 지역사회 어르신이 함께하는 공동 프로그램 등을
다양하게 개발하고 수행하여야 한다.

둘째, 재가복지사업의 활성화

현재 가정봉사원파견사업을 통하여 재가복지사업을 수행하고
있지만 노인복지센터가 균형 있는 서비스를 제공하고 시대에 알맞

은 복지적 기능을 수행하기 위한 생활시설뿐 아니라 재가복지사업의 확대가 절실히 요구된다. 따라서 영락노인복지센터에서 2005년 7월 개원한 주간보호사업을 좀 더 확대하고 주간보호사업 · 단기보호사업 · 노인학대예방사업 · 노인복지연대사업 등의 재가복지사업이 활성화되어야 한다.

셋째, 종합복지서비스제공

노인복지는 다양한 부문에서 그 기능이 요구된다. 즉 생활서비스, 의료적 서비스, 문화적 서비스, 교육적 서비스 등이 종합적이고 유기적으로 제공되어야 한다. 영락노인복지센터는 생활시설과 함께 시대적 요구에 알맞은 기능의 시설을 더 확대해야 한다. 현재의 양로사업을 현실에 맞게 정원을 조정해야 할 필요가 있으며, 향후 치매노인전문요양원, 노인전문병원, 노인종합복지관 등 시설을 확충하여 지역 어르신들에게 종합노인복지서비스를 제공해야 한다.

넷째, 시설 기능의 다양화

현재 노인복지센터에서는 양로 · 요양 시설이 운영되고 있는데, 모든 서비스는 국민기초생활보장 수급권자를 대상으로 제공하고 있다. 앞으로 보다 많은 대상자에게 서비스 혜택을 주기 위하여 무료서비스에만 국한할 것이 아니라 유료 · 실비 등 다양한 계층을 대상으로 서비스를 제공할 수 있도록 방안을 모색해야 한다.

4) 합실어린이집의 현황과 발전방안에 관한 연구

(1) 합실어린이집 현황

합실어린이집은 기독교 정신에 입각하여 하나님을 경외하고 인간을 사랑하는 마음과 원아 개개인의 인격을 존중하여 전인적 발달을 돕고, 나아가 그 가족을 지원하는 데 목적을 두고 있다. 특히 기독교 정신을 바탕으로 경제적으로 어려움을 받고 있는 가정과 맞벌이를 하고 있는 가정을 중심으로 안심하고 사회적 경제적 활동을 할 수 있도록 지원하는 것을 목적으로 하고 있다. 영유아에게 적절한 환경과 전문적인 보육 서비스를 제공하여 건전한 사회인으로 양육하고자 보육시설을 운영하고 있다.

1981년 9월 시립 '합실유아원'을 개원하였고, 이후 1991년에는 합실어린이집 부설 공부방을 개원하였다. 현재는 합실어린이집이 위치한 지역의 재개발 계획으로 어린이집을 인근으로 이전하였으며, 2002년에 지역사회를 위하여 장난감 도서관을 개관하였다. 합실어린이집은 개원 이후, 1984년에는 서울특별시 최우수 유아원으로, 1988년에는 서울시 모범 유아원으로 지정되었다. 이후 2004년 10월 서울시로부터 합실어린이집은 우수 보육시설로 평가받았다.

합실어린이집에 취원 중인 원아는 2005년 5월 현재 총 111명이며 이 중 정부로부터 보육료를 면제, 혹은 경감 받고 있는 원아는 총 39명으로 전체 원아의 35.1%에 달한다. 이는 국공립 보육시설 운영에 대한 정부의 취지를 충분히 반영하는 것으로 취업한 부모의 자녀양육을 지원한다는 합실어린이집 설립목적과도 일치하는 것이다. 합실어린이집 종사자는 시설장 1명과 보육교사 8명, 그리고 취사부 2명과 비상근 직원 1명을 포함해 총 12명이다.

합실어린이집은 안전한 영유아 보육환경을 통해 영유아들에게 다른 사람을 배려할 줄 아는 공동체 의식을 함양하고, 영유아의 발달적 욕구가 반영된 다양한 프로그램을 제공함으로써 창조적인 능력을 발휘할 수 있는 어린이를 양성하며, 아동, 부모, 어린이집, 지역사회와 상호협조적인 교육체제를 형성한다는 교육 목표 아래 다음과 같은 세부사업을 수행하고 있다.

첫째, 영유아 보육관련 프로그램으로 신입원아 적응 프로그램을 운영하고 있다. 빈곤지역 부모들이 자녀의 성장에 맞는 교구교재를 제공해 줄 수 있는 장난감 도서관은 지역사회의 자녀 양육을 돕는 우수 교육지원 시스템으로 자리매김하고 있다. 자연친화적인 아동양육을 촉진하기 위해서 산책, 텃밭 가꾸기 등을 하고 있으며, 부모들과의 연계를 강화하고 가정의 연장선에서의 보육시설과 보육의 연장선에서의 가족의 기능을 강화하기 위해 부모, 가족과 연계할 수 있는 프로그램을 집중적으로 시행하고 있다. 예를 들면, 부모상담, 부모관련 수업 진행, 부모교육, 활발한 자모회 활동이 그것이다.

둘째, 교사들의 전문성을 강화하고 교사로서의 자질을 고양하기 위해서 교사들에 대한 재교육을 적극적으로 실시하고 있다. 교사들에게 재교육 프로그램에 참여할 것을 권장하며, 자체 교사교육도 아울러 실시하고 있다. 교사 1인당 3회 이상의 연수를 받도록 하며 연수비의 일부를 보조하고 있다.

셋째, 지역사회 연대를 실천하고 있다. 지역주민이 참여하는 운영위원회를 통하여 어린이집에 대한 지역사회의 요구를 수렴하고, 지역사회 발전을 위해 합실어린이집이 할 수 있는 영역을 함께 모색하고 있다.

(2) 합실어린이집의 발전 방향

개원 초기부터 지역사회의 적극적인 관심과 긍정적인 평가를 받아온 합실어린이집은 기독교 사회복지의 실천영역으로서 부모들의 자녀양육을 지원하고 있다. 합실어린이집이 갖고 있는 몇 가지 제한점과 이를 극복할 수 있는 발전방안을 제안하면 다음과 같다.

① 보육목표의 체계화

영유아들이 평균 3년 정도 합실어린이집을 다닌다고 볼 때, 이들에 대한 보육목표를 체계화할 필요가 있다. 체계적인 보육서비스 제공을 위하여 보육목표의 연계성이 필요하다. 연간계획, 월간계획, 주간계획의 목표와 주제가 연계되어 체계적인 보육 서비스가 제공될 때, 아동이 발달적 욕구를 표출할 수 있는 기회가 확대된다.

② 물리적 환경개선의 필요성

· 각 반 교실 공간의 활용도를 높일 수 있는 방안 개발

각 반의 교실크기가 보육 아동수에 비해 너무나 비좁다. 특히 6, 7세반의 경우 아동들의 적극적인 활동을 담보해 주기 어려운 상황이다. 따라서 보육실을 확보하기 어려운 상황에서 아동들의 활동을 돕기 위해 교실 내에 배치된 시설물들의 사용 효율성을 평가하여, 일부 교구, 교재 등을 자료실 등에 비치하거나, 책상이나 의자의 재배치 등을 강구해야 한다. 아이들에게 있어 물리적 공간의 확보는 자신의 심리적 요구를 충족시키는 데 필수 요건이 된다.

· 어린이집 주 출입구의 안전 확보

현재 합실어린이집의 주 출입구는 차량의 통행이 빈번한 도로에 인접해 있어 아동들이 안전사고에 노출되어 있는 상황이다. 아울러 주 출입구의 가드 시설물도 아동들의 안전을 위협하고 있다. 가드를 다른 것으로 교체할 수 있어야 한다. 이외에도 합실어린이집의 각 보육실이 아동들이 생활하는데 반드시 필요한 안전시설인지 (예: 손전등 등)를 점검해야 한다. 모래놀이 등을 할 수 있는 실

외 공간의 확보를 모색하는 것도 필요하다.

· 창의적 활동이 가능한 공간 마련

합실어린이집은 장난감 도서관과 풍부한 교수 학습자료 등 다른 어린이집보다 교구교재의 확보율이 높다. 그러나 하루 종일 시설에 수용되어 있어야 하는 아이들 입장에서 보면, 하루 동안에 나름대로의 창의적 활동을 시도해 볼 수 있는 공간이 마련되어 있지 않은 아쉬움이 있다. 지하의 장난감도서관 공간의 재배치를 통해 아동들이 자신들의 실험적 욕구를 확인해 볼 수 있는 기구들을 배치해 놓을 공간을 확보할 수 있어야 한다. 또한 다양한 과학실험기구를 통해 아동들이 새로운 물질을 개발하거나 활용해 볼 수 있어야 한다. 아이들 스스로 작업이 가능한 공간을 배치하고 자기주도 학습이 이루어질 수 있도록 해야 한다.

③ 보육 프로그램 보완

· 실외 프로그램 강화

하루에 최소 2회 3시간 이상 실외놀이 경험을 할 수 있는 방안을 모색해야 한다. 영유아들의 성장에 반드시 필요한 비타민D의 공급을 위해 외국의 경우, 하루 오전·오후 2회 실외놀이를 제공하는 것이 의무로 규정되어 있다. 비가 조금 오는 날도 예외 없이 실외놀이가 진행된다. 아동들의 건강한 발달을 돕기 위해 실외 프로그램을 강화할 수 있어야 한다.

· 교사와 아동의 상호작용 프로그램 개발

교사와 아동의 일대일 상호작용이 가능한 보육인력 확보 및 프로그램 개발이 요구된다. 학급위주의 보육 프로그램 운영에 대한 변화가 필요하다. 운영상의 융통성 없이 종일 같은 공간에서 누구나 정해진 일과를 수용해야 하는 일은 아동중심 교육과는 거리가 멀다. 아동의 각기 다른 요구와 상황을 반영할 수 있는 보육 프로그램이 개발되어야 하고 이를 다룰 수 있는 전문 인력이 필요하다. '아동중심'을 이해하고, 실천할 수 있는 교사 양성이 요구된다. 아동에 대한 차이를 인정하면서 아동을 차별하지 않는 것이 중요하다. 차별은 아동 간의 차별, 아동과 성인간의 차별이 있을 수 있다. 차이를 인정받을 때 아동들은 비로소 자기를 맘껏 표현할 수 있고, 긍정적 자아상을 키워나가며 상상력과 창의력을 개발할 수 있는 기회를 얻게 된다. 이렇게 하기 위해서는 보조교사를 확보하여 이를 활용할 수 있어야 한다. 보조교사를 확보하여 교사 대 아동의 비율을 더욱 낮추고, 일대일 상호작용을 통해 서로 다른 아동들의 특성을 발견하여 이에 따른 상호작용이 가능하도록 한다.

· 성서에 근거한 보육 프로그램 개발

성서에 명시되어 있는 인간관을 성취할 수 있는 보육프로그램을 개발, 운용해야 한다. 이를테면 '다른 사람들과 함께 사는 아이들'이라는 주제를 다룰 때 접근되어야 할 내용들을 정리하여 어떤 기독인으로 양성할지에 대한 목표를 구체화하는 것이 필요하다.

· 융통성 있는 보육 프로그램 개발

현재 보육 프로그램을 운영하는 과정에 아이들이 참여하거나, 아니면 아이들이 자신들의 발달상황에 맞게 학습을 수용할 수 있는 융통성이 미약하다. 따라서 아이들이 자기주도의 프로그램을 이끌어 나갈 수 있도록 프로그램 운영의 융통성을 가능한 허용하는 것이 필요하다. 과제성취에 초점을 둔 보육프로그램이 아닌 아동이 자신의 욕구를 활용할 수 있는 발견학습이 될 수 있어야 한다.

④ 가정과의 연계성 확대

가정과 같은 보육을 실현한다는 것의 의미를 되새길 수 있어야 한다. 이는 물리적 환경에서 가정과 비슷한 것을 의미하지 않는다. 안전한 환경을 제공하고, 신체적으로 건강한 발달을 도모할 수 있어야 하는 기본 전제 외에, 교사와 아동들 간의 상호작용의 질과 횟수에 대한 검토가 필요한 것이다. 가정과의 연계는 합실어린이집이 타어린이집보다 잘 운영되고 있음을 알 수 있다. 그러나 가정연계를 알림장이나 연락장 등을 활용하여 아동개별 욕구를 확인하는 것 외에도, 부모 자원을 보육시설 운영에 활용할 수 있도록 일일교사제 등을 활성화할 필요가 있다. 아울러 아동의 개별 발달기록을 정리하여 부모면담에서 사용할 수도 있을 것이다.

⑤ '교사슈퍼비전제도'와 '교사평가제도' 실시

교사의 질이 보육의 질을 좌우한다는 신념이 있다. 이에 대해서는 누구도 이의를 달지 않는다. 교사들의 수업진행 과정이나, 아동들과의 일상적인 상호작용 등을 녹화하여 시설장의 슈퍼비전을 받도록 한다. 이렇게 하면, 교사들의 강점이 무엇인지, 수정되어야 할 태도와 행동이 무엇인지를 교사 스스로 이해하는 데도 도움이 된다. 지속적인 슈퍼비전을 통하여 교사의 전문성을 높일 수 있다.

교사평가제도는 교사의 자기점검제도이다. 내용에는 아동과의 상호작용, 행정력, 부모와의 관계, 동료와의 관계, 보육에 필요한 전문지식의 활용내지는 보유정도 등을 평가할 수 있다. 자기평가를 수시로 실시하여 자기계발을 촉진할 수 있다.

⑥ 다양한 보육운영 형태 개발: 시간제 보육 운용의 가능성

보육서비스에서 중요한 것은 아동과 부모의 요구에 얼마나 부응하느냐이다. 시간제 보육서비스의 운용은 보육인력이 확보되지 않은 상태에서는 추진하기 어려운 보육 유형이다. 신림동이라는 지역적 조건을 감안할 때, 하루 종일은 아니더라도 일주일의 일부 시간을 보육서비스가 필요한 사람들을 대상으로 시간제 보육서비스를 운영하여 지역접근성을 높일 수 있어야 한다.

보육서비스는 눈에 보이는 프로그램의 개선뿐만 아니라, 보육 상황에서 발생하기 쉬운 개별 아동들의 욕구를 고려하는 시도를 통해서 질적서비스를 제공할 수 있다. 이를테면, 여름철 야외활동 시 모든 아동들에게 햇빛차단 크림을 발라 주어 피부건강을 보호해 주거나 하는 것은 보육선진국들에서는 의무사항이다. 합실어린이집에서도 이런 시도들이 있었으면 한다.

본 논의에서는 합실어린이집의 발전방안을 제안하면서 아동의 삶의 질 향상을 통해 아동의 행복권을 추구하는 것이 보육서비스의 중요한 아젠다가 되어야 함을 전제로 하였다. 또한 '아동중심주의' 입장에서 합실어린이집의 운영개선 방안을 논의하였다. 합실어린이집은 여타의 다른 어린이집들과 달리 아동중심적 접근으로 가정과의 연대강화를 통해 아동들의 발달을 도모하는 우수한 어린이집이다. 그러나 집단시설을 운영하는 과정에서 충족되기 어렵거나 간과되기 쉬운 보육내용들이 있어 이를 보완하는 것으로 발전방안을 제안하였다. 보육 관련자들 간의 권리가 충돌될 때도 아동권리가 우선해야 한다는 보육선진국들의 지적을 우리는 의미있게 받아들여야 한다.

5) 영락애니아의집의 현황과 발전 방안

(1) 영락애니아의집 현황

① 영락애니아의집 생활 인원 및 종사자 현황

영락애니아의집은 영락사회복지재단을 설립한 한경직 목사의 평소 기독교 사회복지 실현의 철학과 뜻을 그대로 반영하여 만든 결정체라 하겠다. 영락애니아의집은 우선 경증장애 아동이 아닌 중증장애 아동을 그 대상으로 삼았으며, 장애로 인해 가정에서 키우기 곤란한 것은 물론 부모마저 포기한 기아 장애아동이나 요보호 장애아동에게 보육과 훈련, 재활과 복지는 물론 새 생명을 부여하는 국내 초유의 중증 뇌성마비장애인의 요양시설로 1994년 설립되었다.

장애인복지법에 따라 중증장애인 요양시설로 운영되고 있는 영락애니아의집 생활 인원은 2005년 5월 현재 38명으로 남자 22명, 여자 16명이다. 처음 아동 요양시설로 출발하여 현재 생활인원의 연령은 평균 연령 16세로 7~12세 4명, 13~15세 8명, 16~18세 18명, 19~21세 8명으로 청장년기로 접어든 인원이 26명이다.

또한 영락애니아의집은 원장 1명, 사무국장 1명, 촉탁의사 1명, 사회재활교사 2명, 생활재활교사 16명, 간호사 1명, 물리치료사 1명, 영양사 1명, 취사 1명, 세탁 1명, 관리 1명, 운전기사 1명의 정부보조 28명과 재단보조 1명으로 총 29명이 근무하고 있다. 자원활동자의 참여는 주 30~50명 정도로 환경적 여건 때문에 많은 수를 받을 수는 없지만 열성 자원봉사자가 대부분이라는 장점이 있다.

② 영락애니아의집 사업 운영 현황

영락애니아의집은 대소변 훈련 등 신변자립훈련을 포함한 생활재활부터 물리치료, 작업치료, 언어치료 등 재활치료 프로그램은 물론 지역사회나 가정과 연계하는 사회재활 프로그램 등 장애아동에게 맞춤형 재활복지 프로그램을 제공하고 있다.

또한 이곳에서는 아동들의 생활연령에 적합한 사회성 훈련을 통하여 자기 자신의 감정과 행동을 조절할 수 있는 대인관계 기술과 문제해결 기술의 능력 향상을 꾀하며, 나아가 사회참여 확대 및 사회적 책임감을 가질 수 있도록 적응적인 삶의 영위를 도모하기 위해 세부사업을 수행하고 있다.

③ 사업운영 실적 분석 및 평가

2004년 사업운영 실적을 분석·평가해 볼 때 영락애니아의집은 중증장애인 요양시설임을 쉽게 알 수 있다. 무엇보다도 의료재활 서비스 프로그램의 비중이 크며, 보육과 생활재활, 사회재활 그리고 교육재활 사업이 중점적으로 이루어지고 있음을 알 수 있다.

영적 재활을 위한 프로그램으로서 영락교회 사랑부 참석과 부활절 예배나 추수감사절 예배, 성탄 축하 예배 등 절기 행사가 있는가 하면 아동의 생일잔치나 장애인의 날 행사도 하나님께서 이 땅에 보내준 의미와 뜻을 기리는 날로 기억하게 하여 신앙적인 프로그램으로 승화, 발전시키고 있다.

또한 전문 자원봉사자를 활용하여 음악치료, 미술치료 등 다양한 개별화 치료 프로그램을 실시하고 있으며, 자원봉사자와 후원자에게도 봉사와 나눔을 통해 진정한 기쁨과 행복을 찾도록 참여시키고 있다. 하지만 장애인 재활 중에서도 가장 중핵적인 재활인 직업재활사업은 이루어지고 있지 못한 실정이다. 18세 이상 되는 청년층이 원생 중 50% 이상을 차지하므로, 직업재활 프로그램 개발과 시행은 시급한 과제가 아닐 수 없다.

(2) 영락애니아의집 발전 방향

중증 뇌성마비 중심의 요양시설인 영락애니아의집은 입소생활자에 대한 복지 서비스의 질적 향상과 입소아동들에 대한 특수교육의 기회 제공, 개별화된 입소생활자에 대한 서비스 제공 등의 사업목표를 가지고 기독교 사회복지를 실천하고 있다. 이와 함께 이제는 기독교 사회 복지의 실천 모델, 즉 SILOAM모델을 새롭게 전파하는 전당이 되어야 할 것이다. 이 일을 위해서 우선 영락애니아의집 발전을 위한 전제를 제시하면 다음과 같다.

① 영락장애인복지의 미션(mission)의 설정

영락애니아의집에 입소하여 생활하는 구성원의 특성에 맞는 전인적 재활(holistic rehabilitation)과 통전적 · 통합적 재활(total rehabilitation)로 재활 당사자(consumer)를 위하여 다양하고 종합적인 재활의 방향을 설정 · 수립하여야 할 것이다. 즉, 전인적 재활로서의 신체적 재활(physical rehabilitation), 정신적 재활(mental rehabilitation), 영적 재활(spiritual rehabilitation)과 통합적 재활로서의 의료적 재활(medical rehabilitation), 심리 · 사회적 재활(psycho social rehabilitation), 교육적 재활(educational rehabilitation), 직업적 재활(vocational rehabilitation)이 사업 구성에 포함되어야 할 것이다.

이를 위한 재활 당사자인 입소자들의 욕구 조사와 만족도 조사가 이루어져야 하며, 현재 프로그램 운영 중인 사업의 심도 있는 욕구 분석과 더불어 전인재활과 통전적 재활에 미흡한 분야의 재활사업의 확충이 요청된다.

② 직업재활 프로그램 개발 및 도입

영락애니아의집은 그 대상이 중증·중복 장애인이지만 개별 장애인이 가지는 잔존능력(殘存能力)을 최대한 개발하여 직업재활(vocational rehabilitation)에 이르게 하는 것을 시설존립의 가치와 목표로 두어야 할 것이다. 즉, 장애 인력도 국가·사회 발전에 기여할 수 있는 인재가 될 수 있다는 생각의 기저가 밑바탕이 되어야 한다. 또한 직업재활(vocational rehabilitation)은 중도장애인은 물론 선천적·후천적 장애인 등 모든 장애인이 소중하다는 것을 기본으로, 장애인의 직업재활에서 직업(vocation)은 소명적인 일을 찾는 것으로 그것을 통한 소득보장, 사회통합은 물론 인간존재의 의미와 인권보장의 근간이 되는 것이다.

그렇기 때문에 영락애니아의집 생활인원의 연령은 평균 16세이며, 청장년을 위한 직업재활 프로그램의 운영과 전담 운영자가 필요하다. 이를 위해 현재 영락애니아의집의 생활인원 중 정민학교에 통학하는 학생을 집중 대상으로 학교의 전환교육 실시 계획 등을 조사하고 뒷받침해줄 수 있는 운영사업을 계획해야 한다. 이런 면에서 직업재활 시설로서 치료와 생산을 담보로 하는 '보호작업 시설'의 설치·운영이 시급히 요망된다 하겠다.

③ 성인 요양시설로서의 기능부가 및 규모 확대 모색

현재 영락애니아의집 생활자들이 청장년층으로 진입하고 있으므로 성인 요양시설로서의 기능 부가와 함께 규모도 확대해야 한다. 아울러 성인장애를 지원하는 자립생활지원 프로그램과 평생교육, 지역사회 중심재활 시설로서의 협력 체계를 구축할 필요가 있다.

④ 자원봉사자 조직 및 활용

다양한 프로그램의 지원과 운영 인원 확보를 위하여 자원봉사자 활용을 통한 기독교 사회복지 실천을 구현을 해 나가는 것은 바람직한 방향이라 할 것이다. 이를 위해 의료전문인 자원봉사자, 교육전문인 자원봉사자 등 다양한 자원봉사자의 조직화와 활용이 요구된다.

⑤ 사례관리의 정착

영락애니아의집은 수용복지 시설로서 사회통합이나 정상화에 한계가 있을 수 있으나 이를 극복하고 장애당사자중심의 생애주기별 평생재활복지를 구현하기 위해서는 사례관리가 정착되어야 할 것이다. 사례관리의 가장 중요한 개념은 한사람의 장애인을 위하여 여러 전문가들이 동시에 다영역팀으로 참여하여 다함께 대안전략을 이끌고, 이를 통해 개별 장애인이 이들이 갖고 있는 실제적 능력을 일(직장), 학교, 생활 및 여가활동에 그대로 반영시키는 것을 의미한다.

이러한 개념은 장애인 당사자를 중심으로 진행되는 것이기 때문에, 시설 입장에서는 장애인 개개인별로 계획되어지는 서비스를 취합·조정·진행해 가는데 엄청난 부담감을 느끼게 되며, 결국은 사례관리의 기능을 포기하게 되는 경향이 있다.

영락애니아의집과 같은 생활시설에서 사례관리의 개념을 실현시키기 위해서 시설은 나름대로 다음과 같은 강구책을 마련하여야 한다.

첫째, 생활시설의 정체성을 명확히 설정하는 것이다. 생활시설의 기능과 역할에 대하여 단지 먹고 입고 자는 일차적 서비스를 제공하는 것인지, 아니면 생활장애인의 재활·자립을 지원하는 총체적 서비스를 제공하는 것인지에 대한 방향이 제시되어야 한다.

둘째, 시설 내 조직구성 및 업무분장의 설정 및 역량강화이다. 개별 장애인에 대한 사례관리를 진행하기 위해서는 전문적인 사례관리자가 구성되고 업무가 설정되어야 한다.

셋째, 전산화를 통한 기록업무의 부담을 경감시키는 것이다. 이 사례관리를 바탕으로 개별화된 전인재활 복지계획을 수립·실현시켜 나가야 할 것이다.

제4장
교회사회복지의 실태

제4장 교회사회복지의 실태

    교회의 사회복지 실천은 "이웃을 네 몸과 같이 사랑하라"는 성서의 가르침을 근간으로 국민에게 필요한 자원과 서비스를 제공해야 한다는 인식에서부터 출발하였나. 특히 교회사회복지는 국가가 혁명, 대공황과 같은 사회적 위기상황에 처해있을 때 교회의 사회적 책임에 대한 사회적 요청을 실행하는 맥락에서 추진되기도 하였다.

    이 장에서는 영국교회, 독일교회, 미국교회, 한국교회의 사회복지 실천유형을 분석함으로써 교회사회복지 활동의 모델을 제시하고자 한다. 각 국가별 교회 사회복지 실천을 분석한 결과, 영국 교회는 교회의 사회적 책임을 인식하고 교회가 정부의 사회복지 정책의 주요한 실행체계로서 전문화된 사회복지 활동을 펼치고 있다. 독일의 사회복지활동은 국가에서 사회복지활동을 위임받은 6개 협회에 의해 주도적으로 이루어지고 있다. 6개 협회 중, 개신교의 독일 디아코니아 활동은 가장 오래된 것이며, 그 활동은 전문화, 기구화, 자율화되어 있다. 미국교회의 사회복지활동은 교단별, 지역별 연합 형태로 활성화되어 있으며, 2001년 8월 이후부터 미국 정부는 신앙 중심의 사회복지기관 설립을 지원하고 있다. 한국 교회는 초기 한국 사회복지활동 전문화에 크게 기여하였으며, 현재는 개교회 중심으로 사회복지활동이 활성화되어 있다. 또한 국가의 민간 파트너로서 크게 기여하고 있다.

1. 영국교회의 사회복지

1) 영국교회의 사회복지 역사

영국의 사회복지는 기독교 왕정 하에서 빈민에 대한 관심과 부조, 기독교 윤리와 실천이라는 신앙적 차원에 기반을 두고 발전해 왔기 때문에 곧 기독교 사회복지로 이해할 수 있다. 특히 영국의 사회복지는 ① 태어나는 모든 사람들이 동일한 경험을 해야 하며, ② 위험한 상황에 처한 모든 복지 대상자에게 그들에게 필요한 자원을 충분히 제공해 주어, ③ 자활능력을 최대한 높일 수 있어야 한다는 것을 전제로 사회복지를 실천해 왔기 때문에 SILOAM 모델의 복지 대상자를 찾아 나서는 Search와 Identity, 그리고 Opportunity의 기능이 강조된 형태의 복지사업을 실천해 왔다고 볼 수 있다.

다른 유럽 국가들과 마찬가지로 영국은 수도원을 중심으로 사회복지를 실천하였다. 보수 특권화되어 있던 중세 가톨릭 사회의 자선적 행위는 베푸는 자의 영적 유익을 위한 행위로 기독교의 가난한 자를 돕는 행위, 즉 자선과 박애와는 거리가 있어 궁극적으로 빈곤문제를 해결하기 위한 접근이 되지 못했다. 영국에서도 이와 같은 양상은 그대로 나타났다.

영국사회는 신앙적 믿음에서 비롯된 미약한 수준의 헌신에 만족할 뿐, 빈곤을 해결할 수 있는 사회구조를 개발하지 못하고 오히려 빈곤한 자들을 경시하였다. 칼빈 등에 의한 종교개혁은 신앙의 변화를 촉발하였지만 중세 이래로 왜곡되어 온 빈민에 대한 이해를 변화시키지는 못하였다.

이와 같은 왜곡된 자선행위가 영국사회에서 지속된 것은 영국 국교인 성공회가 주로 지주와 귀족으로 구성되었던 것에서 그 원인을 찾을 수 있다(손병덕, 2005). 다수의 지주와 귀족으로 구성된 성공회는 보수적인 경향을 띠었고, 빈곤 등의 사회적 어려움에 무관심하였다. 성공회의 수장인 왕은 사회질서를 변화시킬 수 있는 개혁적 성향을 갖지 않았다. 영국사회를 이끌어 가는 두 주체들, 즉 성공회와 왕정은 사회변혁의 추동을 시도할 만큼 개혁적이지 않았다. 이러한 두 주체의 정치적 연관성으로 결국 1829년 하원의회와 교회의 공식적 관계가 단절되었고, 1834년 상하원에서 주교가 배제되는 법이 통과되어 입법, 사법기관에서의 성직자의 영향력이 배제되었다.

수도원의 몰락을 가져온 종교개혁은 수도원이 이어 오던 구빈사업을 대체할 만한 기구를 설립해야 할 것과 영국 기독교 왕정 하에서 개별 교회들의 빈민에 대한 지원이 턱없이 부족하여 빈민을 위한 국가차원의 정책이 개발되어야 할 필요성을 제기하였다(손병덕, 2005). 이는 영국 사회복지 실천의 근간이 된 엘리자베스 구빈법이 탄생할 수 있었던 사회적 배경이다. 엘리자베스 구빈법은 가난을 개인의 무능과 도덕적 결여로 보고 있기 때문에 빈곤층에 대한 구제책이라고 보기는 어렵다. 이로써 1700년대 노약자와 일

할 수 없는 사람에 대한 부조가 교구중심으로 이루어졌지만, 1800
년대를 거치면서 영국의 구빈사업은 정부주도형으로 바뀌었다. 교
회의 자선행위도 교회가 설립한 독자적인 사회복지 기관을 중심으
로 이루어졌다.

1834년 개정구빈법에 의하여 빈민의 구걸방지와 노동합숙소에
강제 수용하는 정책이 시작되었다. 개정 구빈법은 교회의 영향력
아래 만들어졌지만, 공적부조에 관한 교회의 역할이 축소되고 국
가로 상당부분 이관되었다. 교회는 교회 자체로 조직한 자선단체
를 통해 개별적인 구제활동을 할 수 있었지만, 이 법안이 실행된
이후 빈곤층에 대한 공적부조는 중앙정부로 이양되었다.

영국의 사회복지는 근대로 올수록 국가가 교회의 구제차원을
넘어서 기독교적 영향 아래 국가 주도형으로 이관되는 현상이 뚜
렷하게 나타난다. 1834년 개정 구빈법 이후 교회가 사회복지 실천
에서 구심점이 되지 않았지만, 기독교는 빈민정책에 막강한 영향
력을 행사하였다. 산업화와 도시화의 촉발로 파생된 다양한 사회
문제들을 해결하기 위해 교회가 주도하는 여러 자선단체들이 생겨
났지만, 무분별하게 생겨난 교회의 자선단체들이 교회성장의 도구
로 활용되는 문제가 발생하였다. 이와 같은 교회 자선행정의 문제
를 개선하기 위해 자선조직협회가 1868년 설립되었다.

한편, 웨슬리안들에 의한 개신교단들의 구제와 사회복지 활동
은 영국 내 사회복지 실천에 중요한 영향을 미쳤다. 웨슬리는 빈곤
층의 복지에 관심을 기울였고, 영혼구원뿐만 아니라 공평한 분배
와 복지를 실천하였다.

1940년대 들어서서 가난을 개인의 문제로 이해하기보다는 사회의
구조적인 문제로 이해하기 시작하면서, 빈곤을 야기하는 국가 의
료보험체계, 연금법, 교육법, 아동보호법 등이 제정되었다. 1908년

에 제정된 아동법에서는 7세 이하 범법아동의 면책권과, 자녀를 학대한 부모에 대한 처벌 규정을 명시하였다.

2차 세계대전이 발발한 직후인 1941년 탄생한 비버리지 보고서는 영국의 사회복지 실천 효과를 극대화하기 위한 것으로, 사회복지 실천에서의 6가지 원칙을 제시하였다. 1911년 영국 정부는 직업을 가진 사람들이 자신이 살고 있는 지역에서 자신의 치료를 맡을 주치의를 선정하는 의료법을 만들었다(이해영 외, 1993).

1948년 영국정부가 전 국민이 무상의료 혜택을 받을 수 있는 국가 의료서비스를 실시하기 전까지 병원은 교회나 교회관련 자선단체들에 의해 운영되었다. 이후 병원 운영과 관련된 모든 재정 책임이 정부로 이관되었다. 교회와 자원봉사 기관들이 제공했던 아동복지 관련 사업들도 지방정부를 중심으로 이관되었다.

영국의 기독교 사회복지계는 1980년 영국이 급격한 변화의 과정을 거치던 시기에 교회의 사회적 역할에 대한 재평가를 시도하였다. 이 당시 영국교회는 권위와 명예가 극도로 실추되었고, 극히 세속화되어 있었다. 1983년 로버트 런시(Robert Runcie) 켄터베리 대주교는 목사, 교수, 사회복지사, 각급 학교교사로 이루어진 위원회를 구성하였고, 이 위원회는 영국 내 교회의 활동을 평가하였다. 이 위원회는 400페이지에 달하는 교회에 대한 조사분석 보고서 "Faith in a city"에서 산업사회에서 오랫동안 황폐화되어 온 교회의 역할과 기능을 평가하였다(Lotz, 1991).

이 위원회는 영국 내 세 개의 교회를 심층 연구하였고, 영국 사회의 변혁과정에서 교회참여의 가능성과 한계를 분석하였다. 그 중 스코틀랜드 동부 지역의 Fifeshire에 위치한 한 교회의 사회적 역할에 대한 방향을 제시하였다. 이 지역은 광산과 어업, 선박제조 등의 산업이 붕괴된 지역으로 실업률이 무려 40%에 달하였다.

1983년에 스크틀랜드 교회 총회장은 Buckhaven 교회에서 지역사회개발 프로그램을 실행하였다. 정부의 개혁정책에 발맞추어 교회를 수공예센터와 극장, 사무실로 활용하였다. Buckhaven 교회는 영국에서 가장 규모가 큰 지역사회 훈련기관이 되었다. 이 기관은 빌딩을 사고, 점심식사를 할 수 있는 간이식당을 짓고, 노인층과 퇴직자를 위한 양로원을 짓는 등의 복지 사업을 실시하였다.

이러한 교회의 변혁은 정부의 지원에 크게 의존한 것이었고, 교회지도자들의 의지에 크게 좌우되었다. 1980년대 말 교회의 사회적 역할을 확대해 나가는 교회의 갱신에 대한 정부의 지원이 삭감되었고, 이에 관여하던 직원도 3분의 1이 줄었다.

1990년대 들어서면서 교회자체로 사회적 기능을 담당할 수 있는 전문가를 채용하여 교회의 갱신을 자체적으로 시도하였다. 지역사회 활동가들은 각 지역의 목사들을 '신의 대리자' 라고 이해하기보다는 '윤리를 세우고, 지역사회를 변화' 시키는 자로 이해할 수 있어야 한다고 주장한다. 이들은 정부의 지원에 더 이상 의존하지 않고, 여기에 더 많은 사람들을 참여시키는 것이 좀 더 중요하다고 역설하였다.

만성 빈곤지역인 맨체스터 인근의 Salford의 William Temple 재단이 1971년 맨체스터산업학교로 개칭되어 사회행동을 시작하였다. 이 지역의 빈곤을 해소하기 위해 이 재단의 지역개방을 자처하였다. 이는 지역 사회 활동이 폭발적으로 실행되는 기폭제가 되었고, 실업 상태의 청소년들의 적극적인 참여를 이끌어 내었다. 이 재단은 여성회관 건립을 지원하였고, 지방정부는 제한된 범위 내에서 이들의 사회행동을 지원하였으며, 통제나 제재를 가하지는 않았다. 1981년에 템플재단은 '위기에 처한 사회(Commities in Crisis)' 를 구성하고 지역사회 지도자들을 훈련시키기 시작하였다.

2) 영국교회의 사회복지 현황

영국의 기독교는 영국 성공회를 위시하여 교단별로 다양한 사회복지 사업들을 실천하고 있다. 교단별로 시행되고 있는 구체적인 사업들은 다음과 같다[4].

(1) 영국성공회의 사회복지 실천

성공회의 멤버였던 Andrew Mean이 쓴 소외된 지역 사람들의 삶에 대한 글이 사회문제에 관심이 적었던 보수적인 기독교인들에게 큰 반향을 불러일으켰다. 이후 구세군, YMCA 등 평신도들에 의한 자선단체 기구가 창립되었다. 성공회는 자선단체를 창설하여 이 기구를 중심으로 기독교 사회복지를 실천하고 있다. 성공회가 창설한 자선단체들이 실행하고 있는 사업의 내용은 다음과 같이 요약될 수 있다.

① 사회적 책임을 위한 성공회 협회
(Anglican Associatio for Social Responsibility: AASR)

이 기구는 1977년 설립되어 영국성공회 산하의 각 지역 총회를 연계하여 각 지역이 처한 문제를 해결 할 수 있도록 이에 필요한 자원과 정보를 제공하고 있다. 특정의 사회문제를 해결하기 위해서 전국 규모의 연례 대회를 개회하기도 한다. 특히 수양회와 세미나를 통하여 교회의 역할을 조명, 평가하며 교회가 감당해야 하는 사회적 책임을 환기시킨다.

---

4) www.churchfengland.org.uk

② 기독교 주거환경연합회사(Christian Alliance Housing Association Limited: CAHA)

거주지가 없는 사람들 특히 자녀를 둔 젊은 빈곤가족에게 주거공간을 제공하고 기독교적인 공동체 생활과 직업훈련을 실시한다. 이를 통해 개인의 자활능력을 배양할 수 있도록 한다. 필요한 경우 상담서비스를 제공하고 있다.

③ 도시교회기금(The Church Urban Fund: CUF)

각 지역에서 소외되고 착취당하는 사람들을 대상으로 국가 복지보조금을 지급한다. 교회에서 모금된 기금으로 지역사회를 개발하고, 사회계도 프로그램을 운영하며, 청소년을 대상으로 한 교육도 실시하고 있다.

④ 샤프츠버리 소사이어티(The Shaftesbury Society)

1844년에 설립된 기구로 전국의 100여 개 기관과 연계하여 신체장애나 학습장애인을 대상으로 교육을 실시하고 기본생활 역량을 학습시킨다.

⑤ 가난에 대한 교회 대응 (Church Action on Poverty)

1982년에 설립된 기구로 빈곤의 극복을 목적으로 하는 기독교 사회복지 기관들이다. 빈민을 지원할 수 있는 정책을 개발하고 의회와 빈곤층의 연계를 통해 서로 필요한 정보를 전달한다.

(2) 영국감리교의 사회복지 실천

무엇보다도 웨슬리가 가르치고 모범을 보인 것은 경건한 삶(holiness movement)과 감리교 박애운동(Methodist Philanthropy)

이다. 이 두 가지 운동은 감리교 복음주의의 본질이 되는 동시에 영국에서 웨슬리안(Wesleyan) 사회개혁의 힘과 방식이 되었다. 웨슬리의 사회운동은 영국사회의 고아, 과부, 홀아비, 버림받은 노인들의 삶을 돌보았다.

1777년 런던의 감리교인들은 '병자 방문과 구제를 위한 연합회'(The United Society for Visiting and Relieving the Sick)를 설립하였다. 1785년에는 가드너가 '나그네 동무회'를 설립하였다. 이후 감리교인들은 비슷한 종류의 '나그네 공동체'를 설립하여 집 없는 사람들에게 안식처를 제공하였다. 나그네 동무회는 노동조합운동(Trade Unionism)과 함께 웨슬리 당시부터 감리교회의 대표적인 사회봉사운동이었다. 그 외에도 죄수들을 위한 활동, 그리고 의료봉사활동 등이 있다.

초기 감리교회의 모임장소는 신앙훈련뿐만 아니라 가난한 사람들이 모여 친교와 정보를 나누는 장소요, 가난한 집 자녀들에게는 학교와 병원으로, 가난한 상인들을 위해서는 신용협동조합이 되었다. 웨슬리는 어디를 가든지 가난하고 병든 사람들을 돌보았다. 버림받은 사람들이 모여 사는 구빈원(Poor House)을 방문하였고 그들을 위하여 모금활동을 하였다.

웨슬리는 정기적으로 구제헌금을 모았고 구제기금 청지기와 병자 심방인을 신도회마다 임명하였다. 또한 구제기금은 국내외의 가난한 사람들, 피난민, 병자들, 전쟁과 기근과 재난을 만난 사람들을 돕는 데 사용하였다. 웨슬리는 버려진 고아들을 돕는 일을 위해 뉴캐슬에 고아원을 설립하였다. 감리교회의 교회학교는 가난한 아이들과 버려진 아이들로 형성되었다. 또한 어린이집 사업은 정상적인 아이들뿐만 아니라 정신박약아나 장애어린이들을 위한 특수학교로도 운영되고 있었다. 어린이집은 영국 감리교회의 대표적인 사회봉사 사업이었다.

웨슬리는 런던에 두 개의 구빈원을 세웠는데, 이 중에 하나는 가난한 과부들을 위한 집으로 과부와 맹인 여자, 고아들이 함께 살게 했다. 1766년에 과부의 집을 세웠고 그 후 여러 곳에 구빈원이 세워졌다. 특별히 이 중에는 전쟁미망인을 위해 운영되는 집들이 있었다. 20세기에 들어서 지방과 구역단위로 가난한 과부들과 노인들을 돌보는 '노인들을 위한 감리교집'(Methodist House for the Aged)을 운영해 오고 있다.

(3) 영국장로교회(Church of Scotland)의 사회복지 실천

스코틀랜드 장로교회는 교단 차원의 모든 일들을 그리스도의 복음을 온 세상에 전파하는 것으로 이해하고 사회복지 사업도 이런 맥락에서 적극적으로 실행해 나가고 있다. 특히 '교회의 사회적 책임'에 대한 인식은 총회 중심의 사회복지 서비스를 실천하는 배경이 되고 있다.

사회복지 실천은 총회산하의 사회책임국(Board of Social Responsibility)이 주도하며, 교회와 개인 및 지역사회가 처한 다양한 문제에 대응할 수 있는 서비스를 제공하고 있다. 사회책임국(Board of Social Responsibility)은 스코틀랜드에서 규모가 가장 큰 사회복지 실천 기구로, 1,600여 명의 직원이 일하고 있는데, 다양한 단체와 기구를 통하여 도움이 필요한 사람들을 지원하고 기금을 모으며, 도덕적, 사회적, 윤리적 이슈들에 대한 교단의 의견을 표명하는 것을 목적으로 하고 있다. 교회에서 개발된 자원봉사자들이 사회책임국(Board of Social Responsibility)이 실시하고 있는 다양한 서비스에 참여하고 있다.

사회책임국(Board of Social Responsibility)은 약물과 알콜 중독

자들을 지원하는 시설을 운영하고 있으며, 가족과 함께 생활하기
어려운 아동과 청소년들을 위한 일시보호시설을 운영하고 있다.
퇴직 후 노인들과 거동이 불편한 노인들을 위한 요양시설도 운영
하고 있다. 구체적인 사업 내용은 다음과 같다.

① 노인 요양시설

치매 노인들의 수용보호, 치료를 위한 시설이 스코틀랜드 전역
7개의 시설에서 운영되고 있으며, 퇴직자와 고령노인, 거동이 불편
한 노인을 대상으로 수용보호를 하고 있는 시설이 스코틀랜드 전
지역에 24개소가 있다. 이들 시설은 모두 스코틀랜드 장로교단이
운영주체이다. 각 지방정부의 시설 지도 감독을 받으며, 장로교 교
단이 시설운영의 모든 책임을 진다.

② 아동과 가족 그리고 범법자를 위한 교정복지 서비스

스코틀랜드 전역에서 6곳이 운영되고 있다.

③ 학습장애자를 위한 서비스

학습장애자를 위한 상담, 치료 일상생활 적응 훈련, 취업지도 등
의 서비스를 제공하기 위한 시설 11곳이 운영되고 있다.

④ 상담서비스

가족 간의 문제, 아동행동 문제, 학습 문제, 비행 등의 문제를 해
결하기 위해 8개소의 상담소가 운영되고 있으며, 이들 상담기관은
정부 산하의 상담기관들과 연계되어 있다.

⑤ 약물중독자를 위한 서비스

13개 기관이 약물중독자를 위한 서비스를 실행하고 있다.

(4) 영국 구세군의 사회복지 실천

영국 웨슬리 감리교회에서 목회를 하던 윌리엄 부스는 런던을 방황하던 청소년들을 대상으로 목회를 하다가 구세군을 설립하였다. 구세군 초기부터 노동자와 빈곤층을 대상으로 한 목회에 중점을 두었으며, 걸인과 접대 여성들을 위한 지원을 중요시하였다. 구세군은 전세계적으로 3,000개가 넘는 복지기관을 설립, 운영하는 대표적인 기독교 사회복지 기관이다.

일시보호소(Sheltered Housing)는 구세군 역사 초기부터 시행한 사업으로 구세군이 운영하고 있다. 빈민들의 일시보호 장소로 전국에 50개 센터를 운영하고 있다. 매일 약 5천여 명의 홈리스들이 사용하고 있다. 또한 시설 보호(Residential Care Homes)를 적극적으로 실행하고 있는데, 여기에서는 100개의 보호 시설에서 보호자가 돌볼 수 없는 아동들을 수용하고 있다.

구세군이 벌이는 독특한 사회복지 영역으로는 재난구조 사업이 있다. 국가적인 재난이 발생할 경우에 구조사업을 실시하며, 비상식품 및 의약품 등을 공급한다. 하루에 2-3천 명의 홈리스들을 대상으로 아침식사를 제공하고 있는 이글프로젝트도 있다. 구세군 교역자들이 교도소를 방문하여 범죄자들을 대상으로 교정 복지 사업을 수행하고 있다. 출소 후 일정한 주거지가 없는 사람들을 대상으로 숙소와 일자리를 연결시켜 주기도 한다. 이외에도 어린이집, 지역센터, 가족센터, 지역사회봉사 센터, 가정폭력 상담소 등을 운영하고 있다.

3) 영국교회 사회복지의 실천적 함의

영국 사회복지의 역사는 기독교 사회복지의 역사와 맥을 같이 한다. 영국은 사회복지 실천을 기독교 윤리 실천 차원에서 받아들이고 발전시켜 왔다. 초창기 교회의 주도로 실행되던 사회복지는 빈곤층에 대한 박애와 자선행위를 강조하였다. 종교개혁과 산업화를 거치면서 빈곤의 원인을 사회구조적 측면에서 이해하기 시작하였고, 급격한 영국 사회의 변화에 대응할 수 있는 국가 차원의 적극적 조처에 대한 사회의 요청이 증가하면서 국가가 주도하는 사회복지를 실천하게 되었다. 결과적으로 영국교회의 사회복지는 정부가 주도해 나가는 사회복지 실천의 한 유형이 되었다.

과거 빈민 정책 등 사회복지 실천의 주도적 역할을 수행해 왔던 영국교회의 사회복지는 현재 민간자선, 비영리 단체로서 영국 정부의 사회복지 수행의 지원체계로서 그 역할을 수행하고 있지만 정부주도의 사회복지 관련기관이나 민간 주도의 여타 자선단체들과 연대하여 여전히 적극적으로 사회복지를 실천하고 있다.

영국 교회의 사회복지 실천이 한국교회의 사회복지 실천에 주는 함의를 다음과 같이 요약할 수 있다.

첫째, 사회복지 참여 영역과 참여 대상이 광범위하다는 것이다. 초창기 영국교회들은 우후죽순처럼 자선단체를 설립하여 이를 선교의 수단으로 삼았다. 그러나 교회의 사회적 책임을 자각하기 시작하면서 각종 기금을 모아 영유아에서 노인, 그리고 장애인에 대한 서비스 등 다양한 영역에서 전문화된 사회복지 서비스를 제공하고 있다.

둘째, 정부 및 각 사회복지 기관들의 연계가 활발하다는 점이다. '함께 일하기(Working Together)' 는 영국 정부의 정책 개발과 실행의 모든 과정에서 가장 중요한 이념이다. 어떤 한 영역도 독자적으로 정책이 결정되거나 실행될 수 없다는 영국정부의 인식은 사회복지 실천의 전 영역에 그대로 적용된다. 그리하여 영국 사회복지 실천과정은 공적기구와 민간기관 간, 그리고 민간기관들 간의 협력체계가 뛰어나다. 영국 기독교 사회복지 실천도 독자적으로 수행되지 않는다. 수백 개의 자선단체들과 연대하여 필요한 전문적인 서비스를 공급받고 공급한다. 연계체계가 정책과 제도에 명백하게 규정되어 있지 않아 사회복지기관별로 독자적인 사회복지 서비스를 실천하고 있는 우리에게 이들의 연계체계는 시사하는 바가 있다.

셋째, 정부주도의 사회복지 사업의 적극적인 파트너로서 전문성을 갖추고 있다는 점이다. 영국 기독교 사회복지 실천의 특징은 한 기관에서 제공하는 서비스의 내용이 포괄적이지 않고 한 영역에 집중되어 있다는 점이다. 이를 테면, 노인복지를 위한 서비스기관이면 이 서비스에만 집중한다. 우리나라 일부 기독교 사회복지 기관들이 사회복지 서비스 과정에서 아동, 가족, 노인, 장애인 등과 관련해 모든 종류의 서비스를 제공하는 것과는 대조적이다.

넷째, 지역사회와의 연계가 뛰어나다는 점이다. 지역사회 자원이 적극적으로 활용되고 있는데, 그 중 다양한 영역에 종사하는 전문 인력들이 자원봉사자로서 영국기독교 사회복지 실천 현장에 참여하고 있다.

다섯째, 교회의 사회적 책임을 강조하고 갈등의 소지가 있는 사회의 이슈들에 대한 입장을 표명하여 사회의 가치를 주도해 나간다는 점이다.

이와 같은 영국교회의 사회복지 실천은 중세와 근대, 현대를 거쳐 오면서 다져진 것들이다. 흔히 영국의 사회복지를 '요람에서 무덤까지'라고 하듯이 태어나면서부터 사망에 이르기까지 영국정부는 국민의 생활에 개입하고 있다. 이 개입과정에서 효과적인 기능을 담당하는 것이 교회사회복지 기관들이다. 영국은 정부의 주도하에 '공평'이라는 이데올로기가 개인의 삶에 적용될 수 있도록 국가와 민간기관이 연계하여 사회복지 서비스를 실행하고 있다. 이런 맥락에서 영국 기독교는 사회복지를 '선교실천'이라는 개념보다는 '교회의 사회적 책임'이라는 시각에서 접근하고 있다.

영국교회의 사회복지는 SILOAM 모델의 Opportunity를 전제로 하고, 모든 국민을 복지 수혜의 대상자로 이해하며, 이들이 자신의 역량을 발휘할 수 있는 자원을 제공한다는 측면에서 Search와 Identity가 강조된 사회복지 실천을 지향하고 있다. 다만, 영국교회가 사회복지를 실천하는 과정에서 선교목적을 가진 교단 간의 치열한 경쟁 등과 같은 폐해를 경험하면서 Mission의 기능을 약화시킨 것은 교회의 사회적 책임과 선교적 사명을 완수해야 하는 한국교회의 사회복지를 발달시켜 가는 과정에서 참고할 만한 대목이다.

2. 독일교회의 사회복지[5]

1) 디아코니아의 역사적 배경

독일이 사회복지 국가를 형성하는데 있어서 종교개혁자들의 디

---

5) 2005년 7월 서울 대치동 교회에서 이승열 목사(독일 하이델베르그대학 디아코니아 신학박사)와 청주 디아코니아학교에서 홍주민 목사(독일 하이델베르그 대학 신학박사)를 독일 디아코니아에 대하여 인터뷰하였다. 그리고 2005년 4월 한국기독교케어복지사협회와 한국기독교사회복지학회가 공동주최하고 Stephan Haas(베를린 Diakonia 아카데미 학장/목사)를 초빙하여 개최한 '독일교회의 Diakonia 프로그램 워크샵' 내용을 중심으로 하였다.

아코니아신학과 실천이 결정적인 영향을 미쳤다. 현재 독일의 사회적 국가 시스템은 교회적 디아코니아와 함께 형성되어 왔다고할 수 있는데, 여기에는 개신교의 개혁가인 요한 힌리히 비헤른(Johann Hinrich Wichern, 1808-1881)의 공헌이 크다. 비헤른은 종교개혁의 명제인 만인사제직과 믿음 · 사랑의 통일성에 충실하여독일 사회복지 기관의 가장 오래되고 가장 규모가 큰 개신교 사회봉사국(Diakonisches Werk)의 기초를 형성한 선구자였다.

1820년경 독일은 각성운동과 더불어 산업혁명의 여파로 심각한사회문제들에 직면하면서 기독교인의 사회적 실천이 광범위하게일어났다. 이러한 사회적 상황 속에서 비헤른은 1833년, 방치된 아이들을 사랑으로 돌보고 양육하는 공동체, '구원의 집'을 세운다.1848년 독일 베를린에서 혁명이 일어나고, 마르크스의 공산당 선언이 있은 후, 프롤레타리아계층의 80-90% 교인이 교회에 나오지않았지만, 교회에서는 아무런 대책을 세우지 못했다. 1848년 루터가 종교개혁을 선언하였던 비텐베르크의 성 부속교회에서 제1회독일 교회의 날 행사 때, 비헤른은 즉흥 연설을 하게 되었다.[6] 그 날비헤른은 "사랑은 교회에 있어 신앙에 속한다"는 연설로 디아코니아운동의 거대한 화산을 분출시킨다. 처음 이 운동은 신앙각성운동으로 시작되어, 당시 사회문제를 교회가 전적으로 책임져야 한다고 강하게 천명하였다. 그리고 이를 위해 교회 안에 있는 이들의각성을 요구하고 교회의 본질인 디아코니아의 회복을 주창하였다.

비헤른은 당시 산재해 있던 협의회(verein) 단위의 디아코니아

---

6) 비헤른은 교회의 날 행사에 '책임적 교회'가 될 것을 주제로 500여 명의 목회자를 대상으로 1시간 15분 즉흥 연설을 하였다. 그리고 비헤른에게 일 년 과제로 '오늘 사회적 재난 속에서 독일 교회가 그리스도의 사랑으로 어떻게 도와왔고 어떻게 도와야 하는가'에 대한 과제를 주었고, 이후 150개 테제형태의 백서로 발간된다. 비헤른은 도움이 필요한 사람에게 도움을 주는책임적인 교회가 되기를 강조한다. 이러한 노력 속에서 전국 조직망 중앙위원회가 형성된다.

를 하나로 연대하고 통합하여, 1849년 내적선교(innere mission) 중
앙위원회를 구성한다. 1차 대전이 발발한 1914년까지 이 내적 선
교회에는 독일에서 가장 큰 신앙고백적 복지기관으로 성장하고 독
일이 사회복지국가로 도약하는 데 선구자적인 역할을 하게 된다.
이후 1919년 바이마르 공화국은 국가와 민간이 협의하여 복지체계
장치의 틀을 만들어, 사적체계와 공적체계를 구분하는 이중체계
(dual system)를 형성하는데, 이 과정에서 디아코니아는 중요한 기
능을 담당하게 된다. 1933년 국가사회주의에 의해 다이코니아는
암흑기를 맞이하였으나, 히틀러 정권에 저항하던 고백교회 운동가
들을 중심으로 전후 복구작업을 위한 구체적 구상과 함께 새로운
교회상을 계획한다. 그 결과 종전 이후 개신교 원조국이 세워지고,
이를 중심으로 '행동속의 교회' 라는 구호와 함께 복구 작업에 교
회가 앞장선다.

　1957년에 이르러 내적선교회와 개신교원조국은 하나의 기관으
로 융합되더기, 1975년 현재 독일 개신교 사회 봉사국(Diakonisches
Werk der Evangelischen Kirche in Diakonisches Werk)으로 통합된
다. 바이마르 공화국 이후 독일 사회복지지원체제는 자율적 복지기
구와 파트너적 협력관계를 이루어왔다. 이 시기 이후로 독일 사회
구조 시스템은 연대(solidaritaet), 다양성, 개인성 그리고 상호보조
의 원칙(subsidiaritaet)에 근거하여 형성되어 왔다(홍주민, 2005). 전
국 조직망, 주교회 단위의 기독교사회봉사 사회선교개념이 이때부
터 구체화되었다.[7]

---

7) 독일의 사회부조는 보충적 원칙(Subsitaetere Prinzip)을 부조의 핵심구상으로 채택하고 있으므
로, 국가가 제일 마지막에 개입하는 것을 원칙으로 하고 있다. 개인이 어려움에 처할 경우 가
족이 지원하고, 부족할 경우 이웃 등 지역사회 및 민간복지기관에서 지원을 하여야 하며, 마
지막으로 부족할 경우 국가가 지원한다. 복지 서비스를 제공하는 민간복지협회에게 국가는
이를 위한 재원을 지원하고 감독권을 행사하지만, 운영자체는 민간복지서비스 기관이 자율
적으로 운영한다. 독일 사회부조법에는 민과 관의 관계를 다음과 같이 명기하고 있다.

2) 디아코니아 현황과 분야

독일의 사회복지체계는 6개의 중요한 협회 개신교의 디아코니아(1848), 가톨릭의 카리타스(1897), 독일 유대인 복지센터(1919), 독일 적십자(1921), 노동자 복지 조합(1924), 독일 평등복지 사업협회(1924)에 의해 구성되는데, 이 협회들은 독일 '자율 복지 기관 연맹'(Federal Association of Free Charitable Organization)에 속해 있다. 독일 정부가 이 여섯 개의 기관에 사회복지 시설의 설립과 운영을 독점적으로 위임하였기 때문에 각 시설은 이 협의 기관 중 하나에 가입하여야 한다(Haas, 2005). 여기에 소속된 기관은 1996년에 9만 3,500여 개이며, 110만 명의 전임요원, 250-300만 명의 자원봉사자들이 봉사를 하고 있다. 이 통계치는 독일의 모든 "자율복지기구"의 80%에 해당하고 모든 복지기관의 75%에 해당한다(홍주민, 2005).

이 중 개신교 디아코니아 기독교사회봉사국 산하 기관은 2005년 4월 현재 약 27,000개의 복지시설 협의체이며, 산하에는 45만 명의 직원이 전일제·시간제로 종사하고 있으며, 40만 명의 자원봉사자가 봉사하고 있다. 그 밖에 약 3,600개의 자조그룹 및 도움을 받고 있는 그룹이 있다. 여기에는 18,000개의 주교회(Landeskirche)와 9개의 자유교회(Freikirche) 그리고 90개의 전문협회, 4,300여 개의 자원봉사 동아리가 디아코니쉐스 베르크에 속해 있으며, 70-90%의

제10조 3항 "공적부조에 있어서 민간 복지 활동에의 협력은 민간 복지 단체가 도움이 필요한 사람을 효과적으로 지원할 수 있도록 보완하여야 한다. 공공복지 기관은 이러한 민간 복지 단체를 지원하여야 한다."
그리고 사회부조의 제공자인 국가나 지방정부는 민간복지의 제공자, 즉 교회·종교단체 및 다른 복지의 제공자가 있을 경우에는 새로 시설을 만들어서는 안 된다는 원칙(민간복지기관에 우선권을 제공)을 보충적 원칙이라고 할 수 있다.

자율 사회복지 예산이 국가에 종속되어 있다. 이와 같은 '자율 복지'의 틀 안에서, 디아코니아의 업무봉사는 법제화된 사회정책에 의해 운영된다.

독일 개신교회의 사회봉사활동 영역은 병원, 청소년, 노인, 장애인, 노숙자·알콜중독자·망명자·감옥출소자 등 특별한 사회적 입장에 있는 사람들을 위한 구호, 자활그룹, 에큐메니칼적인 디아코니아 활동으로 나눌 수 있다.

① 병원

디아코니아 사회봉사국은 종합병원과 특수 전문병원을 운영하고 있다. 특수 전문 병원에는 심리환자와 신경정신과 병원, 중독환자를 위한 병원, 만성병 환자와 노인을 위한 병원, 외과 병원 등 다양한 전문병원을 운영하고 있다.

② 청소년 구호

1960년대 디아코니아적인 청소년 구호사업은 비교적 규모가 큰 비행청소년을 위한 기관이 중심이 되어 진행되었다. 그러나 점차 조그만 생활거주 그룹에서 사회교육학적 발달이 나타나고 있으며, 청소년 자신의 고유한 책임과 연대의 중요성을 깨닫게 하는 사회교육학적 연결시스템이 생활보호사업에서 대비사업으로 발전하였다.

③ 가족 구호

가족복지는 부부와 가정에 사회봉사적인 도움을 제공하며, 사람의 문제에 대한 상담소, 임신갈등상담소, AIDS환자를 위한 후원관리소가 포함되어 있다.

④ 노인 구호

노인구호기관은 1970년과 1990년 사이에 입소기관의 수가 두 배인 1,929개로 증가하였다. 과거에는 노인의 간병필요 정도 수준에서 최근에는 사회복귀적인 적극적인 간병이 대두되었다. 노인복지 호스피스 디아코니아사업에서는 노인들의 죽음이 의료적·간병적·목회적인 측면에서 가치있게 다루어져야 한다고 본다. 노인복지를 위한 다양한 시설과 기관들로 적합한 복지서비스를 제공하고 있다(노인병원, 간병양로원, 노인기숙사, 노인심리학적 일일보호시설, 노인건강회복을 위한 집, 노인휴양의 집 등).

⑤ 장애인과 심리적 환자를 위한 구호

장애인을 위한 정상화·사회통합적 생활을 위한 차별화된 서비스가 제공되고 있다. 심리환자 외래진료소, 일일 보호소, 재활병원, 심리사회적 위기봉사가 제공되고 있다.

⑥ 특별한 사회적 입장에 있는 사람들을 위한 구호(노숙자, 알콜 중독자, 마약 중독자, 망명자들, 감옥 출소자 등)

집 없고 직장 없는 사람들을 위하여 잠을 잘 수 있는 집, 임시 거주지, 노숙자 기숙사 등을 운영하고 있다. 중독증 환자와 과도한 빚을 진 사람들을 위한 공장과 상담소가 지난 10년 사이에 두 배로 늘었다. 이런 대부분의 사람들에게는 육체적·심리적·의학 분야에서 관련 전문가들이 지원을 하고 있다. 이 사업에서는 실업 청소년·성인·이주자·외국인·망명 피난민을 위한 계속적인 돌봄의 기회를 제공하고 있다.

⑦ 자활그룹

1970-80년대에는 스스로의 생활역량을 키워나가는 자활운동의 그룹이 조직되지 않았지만, 현재 디아코니아의 모든 영역에서 자활모임이 있다. 병원의 환자클럽, 학교 숙제를 스스로 돕는 모임, 실업 청소년을 위한 클럽, 간병의 도움이 필요한 사람들의 가족을 위한 모임, 혼자 교육시키는 편부모의 모임, 지속적인 환자의 만남 모임, 육체장애자의 접촉모임, 심리환자의 만남 모임, 실업자 모임 등 자신들의 고유의 문화를 가지고 발전했으며, 자활그룹을 통하여 연대감과 도움을 경험한다.

⑧ 에큐메니칼적인 디아코니아 활동

1959년 개신교회와 자유교회의 사회봉사국을 통하여 대강절과 부활절 사이에 '세계를 위한 빵' 행사를 통한 헌금이 매년 증가되었으며, 이것은 아시아, 아프리카, 남미 국가의 자연재난에 우선적으로 사용되며, 조합운동·농업과 같은 자활운동, 의료 프로젝트, 장학금 지원사업 등으로 지원되고 있다.

위에서 제시된 교회사회복지 사업을 실천하기 위하여, 독일에서는 여러 교육기관을 통하여 교회사회복지 전문 인력을 양성하고 있다. 1,568개의 교육기관, 직업을 계속하기 위한 보수 교육, 새로운 직업을 찾기 위하여 필요한 전문 교육을 받을 수 있도록 지원하는 교육기관 등이 운영되고 있다. 이 중 디아코니아 교육기관은 프라이부르트 대학의 카리스타스학 연구소(가톨릭), 하이델베르크대학교 디아코니아학 연구소(개신교), 대부분 사회사업가와 기독교 사회봉사 교육을 통해 디아콘(Diakon: 남) 디아코닌(Diakonin: 여)을 배출하는 개신교 사회사업대학, 디아코니아에서 활동하는 직원

들에게 계속해서 교육을 실시하는 디아코니아 아카데미이다.[8]

3) 독일 디아코니아 사회복지의 실천적 함의

독일의 사회복지 발달사를 살펴보면, 기독교가 커다란 역할을 하였다. 독일의 사회복지는 기독교를 포함한 민간복지에서 공공복지로 그 책임이 전가되었는데, 특이한 것은 관과 민이 합리적인 협조체제를 지속적으로 유지하였다는 것이다. 이러한 변혁의 과정에서 민간복지의 활동이 축소되거나 기능이 경시되지 않고 오히려 국가의 절대적인 지원 속에 민간복지가 더욱 발전되고 성숙할 수 있었다. 독일교회 디아코니아 실천은 선교가 복음을 전하는 것과 사회봉사가 따로 존재하는 것이 아니라 함께 수행되는 통전적 선교행태를 띠고 있다.

독일교회 디아코니아 실천을 SILOAM 모델을 통하여 살펴보면 다음과 같다. 첫째, 지난 150년간 독일 사회복지에 크게 공헌한 독일 개신교 사회봉사국은 사회복지 전문 인력으로 구성된 27,000여 개의 기관으로 기구화되어 있다. 독일의 이와 같은 사회복지기관의 사회복지프로그램은 체계적이고 다양한 Lord map을 갖추고 있다.

둘째, 현재 독일 개신교 사회봉사국은 1948년 이래 교회가 디아코니아 정신(Identity)에 일치하여, 자발적 시스템을 형성하였으며, 네트워크를 구축하여 유기체적인 몸을 형성·발전시킨 것이다.[9]

---

8) 디아코니아 아카데미의 교육 과정의 주제는 수퍼비전(Praxisanleitung), 법률문제(Rechtsfragen), 커뮤니케이션(Kommunikation), 마케팅(Marketing), 경영(Betiebswirtschaft), 케어/케어 매니지먼트(Pflege/Pflegemanagement), 기관의 목표설정 및 질 관리경영 자문(Prozessbegleitung in der Leitbildentwicklung, Einfürung) 등이다. 디아코니아 직원 교육을 위한 대부분 비용은 "가족·노인·여성 및 청소년부"에서 지원받고 있다.
9) 교회 연합을 설명하는 교회법을 살펴보면 다음과 같다(1975년 11월 6일, 교회법 1조).
　"교회 조직과의 공동책임 아래 디아코니아적 과제를 다이코니아 사업단(Diakonisches Werk)

그리고 독일 디아코니아는 독일 내의 5개 민간 협의체, 그리고 국가와 사회복지현안에 따라 네트워크를 형성하여 정교한 사회적 안전망을 형성하고 있다. 이와 같은 겹겹의 사회적 안정망은 독일 내에 거주하는 도움이 필요한 내국인, 외국인에게(Search) 정책과 보험을 통해 실천되고 있으며, 사회복지혜택에서 소외되지 않도록 기회(Opportunity)를 제공받을 수 있다.

셋째, 독일교회는 전범국가로서 독일의 과오에 대하여 죄책고백을 하였고, 경제 성장 이후 이웃국가나 도움이 필요한 국가들에게 배상운동을 시행하고 있다. 독일은 1959년 시작된 '세계를 위한 빵' 경제 구호 기관을 설립하여, 북한·세계교회협의회(WCC) 등 여러 국가와 기관을 지원하고 있다. 이러한 활동은 독일이 전후 복구 시, 여러 국가로부터 지원을 받은 것에 대하여, 경제성장 이후에 도움이 필요한 국가들에게 지원하는 것으로, Mission의 다양한 형태이다.

이상에서 살펴본 독일교회의 사회복지활동은 디아코니아 정신으로 일치된 연합, 중앙조직과 지역조직 간의 자율적 운영, 전문적이고 체계적인 기구 구성 등 한국교회 사회복지 활동에 주는 함의가 크다.

을 통해 이루어간다. 교회는 독일 개신교 연합의 이러한 과제를 디아코니아 사업단에게 위임한다. 그리고 지 교회들과 그들의 교회 사업단, 연합체와 시설물들, 그리고 다른 자율 복지단체 연맹들, 국가와 공공 단체들과의 디아코니아적 과제와 에큐메니칼적인 협력을 디아코니아 사업단에 위임한다."

3. 미국교회의 사회복지

1) 미국교회 사회봉사 역사

미국 역사 초기 신대륙으로 건너온 영국 청교도들은 매우 엄격한 성서적 계약에 바탕을 두고 사회를 건설하고자 열망하였다. 그이후 미국교회가 사회봉사에 대하여 직접적인 관심을 표명하기 시작한 것은 19세기 후반과 20세기 초반이다. 이 시기에 미국 사회는 산업화가 본격화되면서, 여러 가지 사회문제가 대두되기 시작하였다. 산업사회는 이제까지 없었던 사회문제들, 즉 도시 빈민가의 조성과 노동 운동의 확대, 범죄 빈민 착취 및 극심한 사회 계층 간의 갈등과 같은 문제에 직면하게 되었다. 이러한 문제들에 대한 대안을 마련하기 위한 움직임이 사회복음(Social Gospel)을 형성하였다. 사회복음 사상은 건국 초기 정교분리원칙에 의해 생겨난 미국 사회와 교회 사이의 갈라진 틈에서 표출된 사회정의와 개혁에 대한 가치들이다.

사회복음은 미국의 산업사회가 가져온 급격한 변화와 그 문제를 적절히 해결하기 위한 개신교회의 노력의 산물이다. 초기 사회복음 사상의 기초를 닦은 월터 라우센부시(Walter Raushenbush)는 독일 침례교회의 목회자였다. 그는 뉴욕 빈민가에서 희생적인 목회와 저술활동을 통하여 사회복음의 기틀을 형성하였다. 사회참여와 봉사를 두고 교회들 사이에서도 보수와 진보 양 진영으로 대립되는 반응을 일으켰다.

1909년 감리교회는 교단 총회에서 사회복음을 공식적으로 받아들였고, 감리교사회봉사연맹(Methodist Federation for Social Service)을 승인하여 교회 안에서 공식적으로 사회사상의 진보와 사회봉사를 위해 노력할 수 있는 기틀을 마련하였다. 프랭크 메이슨 놀스(Frank Mason North)는 이후에 감리교 사회신경의 초안을 작성하였다. 그리고 월스 티피(Worth Tippy)는 감리교사회봉사연맹의 초대회장으로 일하면서, 많은 인적자원을 연결하였다. 오하이오 웨슬리 대학의 총장으로 재직했던 월스는 노사협력, 상업도덕, 교회 안의 부호 등에 관심을 가지고 사회복음과 관련된 강연회를 시작하였으며, 제인 아담스(Jane Adams)를 비롯한 유명 인사들이 기독교의 사회적 적용이라는 주제로 강연하였다.

감리교 사회봉사 연맹의 영향으로, 1908년 감리교 총회는 사회복음과 사회신경(social creed)을 채택하여, 사회에 대한 교회의 봉사 의무와 의지를 천명하였다. 이 사회신경으로 이제까지 있어왔던 모든 사회복음의 총체적 결실을 맺게 되었으며, 이후 감리교인의 사회생활 원칙에 대한 가장 영향력 있는 문서로 남게 되었다. 이 총회에서는 전국도시 전도연합(National City Evangelization Union)을 만들어, 각 지역별 조합과 협력하여 노동자들을 위한 교육, 구제 프로그램을 운영하도록 하였다(고미영, 2000: 5-36).

2) 교단적 차원에서의 사회봉사활동

(1) 감리교

미국연합감리교회의 구호는 '행동하는 신앙(faith in action)' 이다. 감리교는 교단적 차원의 조직을 통해 사회봉사활동을 시행하고 있다. 현재 감리교의 사회봉사 관련국은 1960년 총회에서 개편되어, 기독교사회문제 총괄국(General Board of Christian Social Concerns) 산하에 절제와 일반복지부(Division of Temperance and General Welfare), 인간관계와 경제사업부(Division of Human

Relations and Economic Affairs), 평화와 세계질서부(Division for Peace and World Order)의 세개 부서를 설치하였다. 그리고 사회봉사와 관련된 병원과 복지시설국(Board of Hospitals and Homes)이 설치되어 있다.

절제와 일반복지부는 기독교인의 사회적 생활에 관련된 부분을 다룬다. 이 부서의 주요 활동은 사회관심 분야에 대한 연구, 그리고 교육 및 활동 프로그램을 실행하는 것이다. 인간관계와 경제사업부에서는 시민적 자유, 교회와 사회관계, 교육에 대한 공공정책, 기계공학적 변화, 농업보전, 노사관계, 실업, 주택 등의 문제를 다룬다. 병원과 복지시설국에서는 미국 전체의 교회들, 그리고 공공건강 및 복지 부서들과 협력관계를 맺어 서비스를 잘 받지 못하는 농촌 지역에 양로원, 만성 중증 환자를 위한 시설, 보건진료소 건립 등을 맡고 있다.

미국연합감리교회는 교단이 총괄하는 가운데 다양한 사회복지 시설들을 운영하고 있다. 아동복지 분야에서는 위탁가정, 입양서비스를 담당하는 기관과 시설을 운영하며, 청소년 복지 분야에서는 약물 남용 청소년을 위한 재활시설, 청소년 그룹홈의 운영, 미혼모와 유아를 위한 특수한 주거시설을 운영하고 있다. 미국 연합감리교회는 교단 산하에 양로원, 병원, 사회복지 시설을 확충하고 있으며, 병원 간의 연계와 교육을 강화하고 있다. 특히 이들 병원에서는 간호, 사회사업, 의료, 목회 분야의 학제 간 협력과 연계를 통하여 효과적인 봉사를 추진할 수 있도록 지원하고 있다. 이밖에도 연합감리교회 특별위원회는 세계적으로 발생하는 변란이나 재난에 대한 긴급구호, 식량 원조사업, 개발협력사업, 난민과 이민자 원조 사역을 하고 있으며, 정치적 · 사회적 투쟁으로는 '평화와 정의를 위한 행동'(Acting for Peace and Justice)이라는 사역을 하고 있다(유장춘, 1999: 18-19; 고미영, 2000: 27-44).

(2) 루터교

미국 루터교에서 사회에 참여하는 영역은 옹호(Advocacy), 국내 구호(Domestic Disaster), 교육 프로그램(Educational Programs), 협력(Partners), 사회선교 기관(Social Ministry Orgs.), 사회 정책/연구(Social Policy/Studies), 루터교 사회 행동(ELCA Social Action), 국제 기아 구호 프로그램(World Hunger Program)등 7개이다. 그리고 파트너 사역(Partner Ministries)에서 활동하는 영역 중, 루터교(Lutheran Services in America)에서 지원하는 인간과 건강을 위한 관련 서비스 기관은 300개가 넘는다.[10] 여기에서 제공하는 사회봉사 서비스 혜택을 받는 사람은 매년 6백만 명 이상이며, 이것은 미국과 카리브해의 서비스 영역 내에 거주하는 인구 50명 중 한 명에 해당하는 것이다. 그리고 이를 운영하기 위한 예산은 80억 달러 이상이다. 약 25만 명의 스텝과 자원봉사자가 헌신과 전문기술을 활용하여 의료, 아동, 가족, 노인, 공공 정책 옹호, 입양 등의 서비스를 제공하고 있다.

루터교단에서 지원하는 308개 기관 중 한 예로 루터교 미네소타 지역 사회적 서비스(Lutheran Social Service of Minnesota:LSS)를 소개하면, LSS는 1865년 에릭(Eric) 목사가 4명의 이민 고아를 교회에서 돌보는 것으로부터 시작했으며, 현재 6개 루터교 미네소타지역노회 연합으로 운영되고 있다. LSS에는 2,300명 이상의 직원들이 300개 공동체를 섬기고 있으며, 주로 아동 및 청년을 위한 서비스 · 가족 및 성인을 위한 서비스 · 노인을 위한 서비스 · 장애인을

---

10) www.lutheranservices.org/www.lssmn.org. 2005년 7월 14일자 인터넷 검색 자료.

위한 서비스를 제공하고 있다. LSS는 인종, 신념, 종교, 국적, 성, 장애, 나이에 상관없이 모든 사람을 섬기고 있다. LSS 운영을 위한 기금은 ELCA와 다른 교회의 지원, 클라이언트 이용료, 기부금 등으로 마련되고 있다.

(3) 구세군

구세군은 미국의 10대 자선기관 중 하나이며, 국제적인 조직을 가진 기관이다. 미국 구세군에서는 2004년 도움이 필요한 3,300만 명에게 삶을 영위하는 데 필요한 기본적인 요소인 음식, 주거지, 온정에 대한 서비스와 더불어 다양한 서비스를 8,823개 구세군 협력 기관을 통하여 제공하였다. 구세군에서 제공하는 사회적 서비스는 긴급 구호 프로그램(Emergency Assistance Program), 케이스 워크와 상담(Casework and Counseling), 청소년 서비스(Youth Services), 재활 서비스(Rehabilitation Services), 노인 센터(Senior Centers), 휴일 프로그램(Holiday Programs) 등이다.

미국 구세군은 기부와 자원봉사자와의 강한 파트너십이 효과적인 기관운영에 기여하고 있다(Peter Drucker, 2005). 이러한 파트너십은 신뢰와 확신에 근간을 두고 있는데(Reader's Digest, 2002), 구세군에서는 기부자가 자신의 기부액이 공동체를 변화시키는 데 어떻게 사용되는지를 볼 수 있도록 운영하기 때문이라고 밝히고 있다.

구세군의 미션은 미국에서 사회 전체가 구원받고, 새롭게 거듭나고, 변화되도록 하는 것이며, 2005년에는 아동과 청소년을 위한 사역에 중점을 두고 있다. 그리고 현재 텍사스, 걸프만 등 국내외 지역에서 자연재해로 인해 발생한 긴급구조 활동을 진행하고 있다.

3) 전교회적 차원에서의 사회봉사 활동

교회연합운동(ecumenical movement)의 대표적인 예는 세계적 협의체인 세계교회협의회 활동이다. 세계교회협의회는 각국에 전국교회협의회로 결성되어 있으며, 미국의 경우 각 주 단위로 결성되어 있다.

미국 NCC는 국제적 봉사를 위하여 세계 사역부(Church World Service)와 국내 봉사를 위하여 국내 사역부(National Ministry Unit)를 설치하였다. CWS에서는 북한의 인권, 코소보의 대량 학살, 가나의 국가부채문제, 탈출난민, 중동의 분쟁, 인도네시아의 기아문제에 관여하고, 태풍이나 지진 같은 천재지변이 일어날 때에는 국내와 국외에서 모두 활동한다. NMU는 통전적 선교(wholistic mission)의 관점에서 교육프로그램들과 옹호적 활동들을 한다. NCC는 개인과 가족들, 그리고 지역사회 전체의 욕구를 고려하여 공동의 선을 추구하고 다양성을 기뻐하면서 포용적으로 일하고 있다. NMU에서는 12개 이상의 기독교 교육 분야의 프로그램을 서로 다른 초점에 맞추어 실천하고 있으며, 인종적 정의를 비롯해 여성, 경제, 환경적 정의를 위한 사역들을 전개한다. 이와 같은 교회연합 조직은 각 주 별로 결성되어 있는데 주의 교회연합 조직은 상위 조직과 연계는 되어 있지만 독립적인 기구로 활동한다는 특징을 갖고 있다(고미영, 2000: 23).

4) 교회와 국가 차원에서의 사회봉사 활동

2001년 8월부터 미국 정부는 신앙을 기반으로 하는 복지 기관의 설립, 운영을 지원하는 정책(White House Faith-Based and

Community Initiatives)을 시행하고 있다. 이러한 정책은 기관 설립에 관한 지원뿐 아니라 사회복지전문기관들의 연합 정보망 FASTEN(the Faith and Service Technical Education Network)이 구축되어 있다[11]. FASTEN의 미션은 미국 전역에 특히 도움이 필요한 도시 커뮤니티에 신앙에 기초를 둔 사회 서비스들을(faith-based social services) 강화하고 지원하는 것이다. FASTEN은 신설된 신앙에 바탕을 둔 공동체 내에서 효과적으로 협력하려는 실천가들, 자선사업가들, 공무원들에게 필요한 정보, 네트워크 형성을 지원한다. FASTEN 네트워크 활동 중, 교회 사역과 관련된 정보망은(월드비전이 공동 후원) 교회의 지도자들에게 유익한 정보(지역·사역 주제별 프로그램 등)를 제공한다.

5) 미국 교회 사회복지 활동의 실천적 함의

미국교회 디아코니아의 실천의 함의를 SILOAM 모델을 통하여 살펴보면 다음과 같다. 미국교회는 국가 설립 초기부터 성서에 기초한 인간 존중의 정신을 바탕으로(Identity) 국내외 소외된 이웃에게 사회복지 서비스를 제공하고 있다. 미국교회의 사회복지 활동은 교단 등 연합형태로 지원하는 사회복지기관을 통하여 전문화되고 다양한 프로그램으로 사회복지서비스(Lord map)를 제공하고 있다. 특히 이전의 미국 내 사회복지활동에서는 특정한 종교와 관련된 부분은 배제하려는 경향이 있었으나, 최근에는 사회복지교

---

11) FASTEN은 Baylor University's School of Social Work, Harvard University's Hauser Center for Nonprofit Organizations, Hudson Institute's Faith in Communities Initiative, and The National Crime Prevention Council's Center for Faith and Service와 파트너십으로 일하고 있는 Pew Charitable Trusts의 협력 initiative이다. www.whitehouse.gov/government/fbci, www.fastennetwork.org, 2005년 7월 25일자 자료 검색.

육, 사회복지활동에 영성의 측면을 고려하는 접근이 부각되고 있다. 예를 들면 1992년 사회사업교육위원회(Council on Social Work Education)와 사회사업대학, 그리고 국제연합(International Association of Schools of Social Work)은 교육에 있어서 영성을 지구촌 선언에 담겨야 할 주제가 되어야 한다는데 합의하였다. 이러한 움직임은 복지 대상자에게 영적 재활(spiritual rehabilitation)을 포함하는 기회(opportunity)를 제공할 수 있다. 특히 대표적인 다인종 국가인 미국은 교회사회복지 실천에서는 서비스 대상자의 인종(race), 성(sex), 나이(age) 등에 따라 차별받지 않고 서비스를 제공받을 수 있도록 기회를(oppotunity) 제공하고 있다. 그리고 2001년 8월부터 미국 정부는 신앙에 기초를 둔 사회서비스를 지원하고 있으며, 이와 같은 정책은 국가와 교회의 연합 활동을 활성화하고 있다. 총체적으로 미국 교회의 사회복지활동은 현안에 따른 다양한 연대방식, 그리고 교회가 국가 사회복지활동의 민간파트너로서 크게 기여하는 점에 있어서 한국교회에 시사하는 바가 크다.

4. 한국교회의 사회복지

한국에 개신교가 전파된 19세기 후반부터 초기 선교사들은 복음전파와 함께 주변의 궁핍한 이웃을 돌아보는 의료사업, 교육사업을 실시하였다. 1884년 미국 북장로교 소속의 의료선교사 알렌(Allen), 1885년 미국 장로교 언더우드(Underwood)와 감리교 아펜젤러(Appenzeller)는 한국의 의료사업과 교육사업의 기틀을 마련하였다. 이후 구한말과 일제시대 동안 교회는 농촌 계몽 사업, 애국운동에 적극 관여하여 사회운동 차원의 활동을 전개하였다. 해방 후 60년대까지 정부수립 및 한국전쟁까지, 교회는 외국 선교단체를 중심으로 전쟁으로 인해 발생한 고아, 미망인 등 소외된 이웃을 위한 봉사활동을 실천하였다.

이와 같이 초기 한국 교회의 사회봉사는 고아와 과부 등 가난한 자들을 돕고, 자선을 베푸는 일에 중점을 두었다. 교회는 가난한 자를 위한 교회, 가난한 자들과 연대하는 교회라는 구호를 가지고 활동하였으나, 이러한 원칙들이 빈곤과 가난의 문제를 근본적으로 개선시키지 못한다는 새로운 인식들이 형성되었다. 그리고 한국교회는 70년대 유신독재와 80년대의 군부 독재시대, 그리고 80년대 광주민주화 운동이라는 시대상황 속에서 교회의 정체성에 대해 고민을 하기 시작했으며, 작은 교회를 중심으로 '작은 교회' 운동이 나타나기 시작했다. '작은 교회'의 특징은 지역주민의 요구에 부응하는 선교활동을 중시하여 교회 확장보다는 이웃사랑을 지역사회에 실천시켜 빛과 소금의 사역을 다한다는 데 있다. 즉 탁아소, 공부방, 야학, 어머니교실, 주민 도서실, 노동 상담소, 소비자 협동조합, 문화교실 등 지역문제를 주민들과 함께 해결해 나간다는 것이다. 이후 90년대부터 이런 활동이 중소형 교회, 대형 교회 등 모든 교회로 확산되었다.

이 절에서는 한국교회의 사회복지 활동을 몇 사례를 통하여 살펴보고자 한다. 1939년 한경직 목사는 신의주에서 고아와 노인을 돌보기 위하여 복합시설 신의주 보린원을 운영하고 한국전쟁 이후에는 미국 밥 피얼스 목사와 함께 월드비전을 통하여 전쟁고아와 미망인을 돕는 구호 활동을 시작하였다. 다음에서는 1939년부터 오늘에 이르기까지 영락교회가 실천하고 있는 사회복지활동을 소개하고자 한다. 그리고 50명 내외의 교인과 함께 지역사회를 효과적으로 섬기고 있는 교회인 구세군여주교회 · 새터교회 · 진천교회를 소개하고자 한다. 또한 다양한 방법으로 사회복지활동을 실천하려는 교회들을 위하여, 기독교정신에 바탕을 두고 운영되는 기관 월드비전 · 한국기독교봉사회 · 아힘나 운동본부를 소개하고자 한다.

1) 대형교회

(1) 영락교회

한경직 목사는 1939년 신의주에서 도움이 필요한 10여 명의 아동과 노인을 돌보기 시작했는데, 이것이 현재 영락 보린원의 시초이다. 이때를 한경직 목사는 다음과 같이 회고하였다(김소연, 1999: 14).

> "신의주 제2교회에서 봉사하고 있을 때, 가난하고 병든 한 가정의 어린 딸, 한 다리밖에 없는 복순이를 구호하기 위하여 신의주 하징에 작은 집 하나를 마련하고 부모없는 불쌍한 아이들은 10여 명 모아놓고 조그마한 고아원을 시작…… 이후 한국전쟁이 발발하여, 신의주보린원에서는 직원 몇 사람이 어린이 셋과 이남으로 도피하여"

구체적으로 영락교회의 사회봉사활동을 살펴보면, 크게 교회 내 부서활동과 영락사회복지재단을 지원하는 것으로 나눌 수 있다. 먼저 교회 10여 개의 부서 활동을 통하여 이웃을 섬기는 활동을 보면 다음과 같다. 각 부서의 활동은 부서별 교역자(목사, 전도사)가 관리를 담당하고 있다.

사회봉사부는 교회 내외의 사회복지 서비스를 제공하고 복지 프로그램을 시행하는 부서이다. 사회봉사부는 성도 간의 상부상조

정신으로 환난을 당한 교우를 구제하며, 교회 밖으로는 그리스도의 사랑과 희생의 정신으로 사회복지사업을 담당하고 있다.

주로 하는 활동은 5개 봉사주일 진행팀(의료수집, 봉사급, 봉사미 수납), 목욕봉사팀(노인 · 장애인 대상 이동 목욕 서비스), 가정복지봉사팀(독거노인, 장기 환자 등 사회복지적 돌봄), 호스피스팀(암 등과 같은 질환의 투병생활 지원), 의료봉사팀(교회 내외 의료봉사 관련 사항을 기획 · 진행)으로 나누어 진행하고 있으며, 노인대학(이철신 담임목사 교장)을 운영하고 있다. 또한 자원봉사부에서는 자원봉사학교를 운영하고 있다.

선교부의 활동 중 해외선교부는 30여 개국에 선교헌금을 지원하고 있으며, 여기에는 서울에 거주하는 외근인 근로자 사역도 포함된다. 2005년 8월 현재는 사회봉사부를 통하여 캄보디아에 보낼 구호품을 수집하고 있다. 북한선교는 평화교회 · 하나교회 지원, 신의주 병원사역, 북한 생필품 지원 및 선교 사역 방향 제안 연구 등을 포함한다.

그 밖에 사랑부에서는 발달장애를 가진 만 3세-30세 미만의 학생들이 어린이 · 소년 예배(1부)와 청장년 예배(2부)를 드릴 수 있도록 운영되고 있다. 상담부에서는 전화와 인터넷을 통하여 상담(취업, 결혼, 법무, 금융 경제, 정신 건강 등)을 진행한다. 군경선교찬양단에서는 군경을 대상으로 위문공연을 실시한다. 대학부 · 청년부에서는 여름에 시골지역 봉사 등 여러 활동을 통하여 이웃 사랑을 실천하고 있다.

영락교회 사회복지활동의 가장 큰 특징은 일찍이(1957) 영락사회복지재단을 설립하여, 교회사회복지 활동의 전문화를 추진한 것이다. 육아시설인 영락보린원(1939), 한국 최초의 모자시설 영락모자원(1952), 영락경로원(1954), 합실어린이집(1981), 영락어린이집

(1990), 영락가정봉사원파견센터(1992), 영락요양원(1993), 뇌성마비 중증 장애 아동시설 영락애니아의집(1994), 청소년 그룹홈 영락의집(2003), 영락노인주간보호센터(2005)를 설립하여 운영하고 있다. 그리고 현재 영락지역아동상담소, 장애인주간보호센터, 장애인 그룹홈 등 3개 시설을 설립 계획 중이다. 영락사회복지재단 산하에는 150여 명 직원이 근무하고 있으며, 전체 자원봉사자는 2005년 7월 기준으로 1,127명이며, 이 중 영락교회 교인은 230명이다. 그리고 재정운영은 2004년 기준으로 정부보조 68%, 후원 및 기부 15%(법인후원금의 경우, 90% 이상 영락교회 교인), 영락교회 보조 7%, 보육료 3%, 기타로 운영되고 있다.

이상과 같이 영락교회의 사회복지활동은 1939년 이후, 교역자와 성도가 한 마음으로 가난하고 소외된 사람들을 찾아가(Search) 돕는 활동을 계속하고 있다. 특히 영락교회의 활동은 사회복지재단의 설립과 함께 아동, 모자, 노인, 장애인 등 다양한 대상을 서비스할 수 있는 체계적인 로드 맵(Lord map)을 갖추고 있는 것, 이와 같이 구축된 로드 맵의 프로그램과 지원을 통하여 복지 대상자에게 다양한 기회(Opportunity)를 제공한다는 것이 강점이다.

2) 중·소형 교회

(1) 구세군여주교회

구세군여주교회는 1977년 개척되었으며, 2001년 6월 나눔의 집을 설립하였다. 구세군여주나눔의 집은 그리스도의 사랑을 소외되고 어려운 이웃과 함께 나누며, 여주지역의 가장 큰 산업기반인 도자기산업의 몰락으로 인한 지역사회의 빈곤문제, 고령화 사회를 대비한 아동 및 노인복지 문제에 대처하기 위하여 설립되었다. 주로 시행하고 있는 프로그램은 무료급식(독거노인 · 소년소녀가장 반찬배달), 방과 후 공부방, 결식아동급식, 정보화 교육, 이미용 봉사, 푸드뱅크 등이며, 다양한 복지서비스로 빈곤아동과 재가노인의 복지향상을 위해 노력하고 있다.

또한 시설은 자원을 활용한 지역복지차원의 다양한 프로그램을 통해 지역사회주민의 욕구에 부응하고 있으며, 이와 같은 활동을 통하여 적극적인 사회복지를 통한 선교를 실현하고 있다.

출석 교인은 장년 35명, 주일학교 32명이며, 사회봉사 인력은 사관 2명 사회복지사 2명, 급식담당 직원 1명으로, 교회 전체 재정의 84%(1억 8백만 원 가량)를 사회복지활동을 위하여 사용하고 있다.

구세군여주교회는 처음 무료급식소 무료 공부방을 개원할 때, 한국구세군대한 본영으로부터 사업자금 200만 원을 지원받아 반찬봉사를 시작하였다[12]. 이후 군청 · 하나로 통신 · 본영의 컴퓨터 사업지원, 사회복지 공동모금회 공부방 지원, 정부 도서구입비 지원, MBC 문화방송 승합차량 후원, 지역내 기관 봉사 및 후원(미장원, 대형마트, 제과점)을 통하여 사회복지활동 운영비를 충당하고 있으며, 지역사회에 위치하고 있는 여주대 사회복지학과의 자문 협력을 받고 있다.

남세광 사관은 구세군여주교회를 이용하는 대상자들이 평소 구세군 교회의 사회봉사활동에 대한 신뢰감을 가지고 있기 때문에 기독교에 대하여 부정적인 분들조차 서비스에 대한 호응도가 높다고 하였다.

---

12) 한국구세군대한 본영에서는 사회복지부를 만들어 전국 500여개 구세군 교회의 복지에 관한 총괄적인 업무를 지원 · 관리 · 감독하였다. 각 구세군 교회에서 사회복지를 통한 선교사업을 시작하기가 용이하고 구세군이 지금까지 각 분야에서 시행하여 오던 사회복지활동을 통한 축적된 기술을 지원하고 있다.

3) 새터 교회

　새터 교회는 기독여민회에서 1986년 설립한 새터 어린이방에서 '더불어 사는 공동체'로 나아가기 위하여, 새터 어린이방의 처소에서 새터 교회(1987년 11월)로 문을 열게 되었다. '새터'는 우리가 살고 있는 이 땅을 하나님의 뜻이 세워지는 땅으로 일구는 데 한 몫을 하고자 하는 의미를 담고 있다. 새터교회가 사회복지활동을 적극적으로 실천하는 원동력은 이웃에게 기쁜 소식을 전하며, 섬기려는 비전을 전교인이 공유하는 것이다.

　새터 교회 출석 교인은 40-50명이며, 새터 교회의 부설 기관에서 근무하는 직원은 약 15명, 자원봉사자가 30명이다. 재정은 교회 지원, 국가지원, 후원으로 운영되고 있다. 새터 교회의 사회복지활동은 크게 네 가지로 구분되는데, 어린이집, 어린이 학교, 녹색 가게, 열린 가족 상담센터 등이다. 새터 어린이집은 1987년 3월 개원하여 현재 새터교회 부설 영유아통합보육시설로 정부지원을 받는 어린이집이며, 만 5개월부터 취학 전 아동을 대상으로 돌보고 있다. 이 집의 특징은 유기농 먹거리 생협과 연결하여 질 좋은 먹거리를 제공함으로 아이의 몸과 마음과 영성을 키우는 전인적 교육을 실시하고 있다는 점이다.

　새터 어린이학교는 새터어린이방의 아이들이 초등학교에 입학한 후, 생계 유지를 위하여 직장생활을 하는 엄마들이 학교가 끝난 후에 아이들을 돌보아 달라는 요청에 응답하여 '새터공부방'을 설립하였고, 초등학생들이 방과 후에 공부하고 놀면서 더불어 살아가는 방법을 몸으로 배우는 지역아동센터로 발전한 것이다. 새터 어린이 학교의 특징은 교육목표에서 잘 드러난다. 교육목표는 생명을 소중히 여기는 어린이, 남을 존중하는 어린이, 함께 어울려

노는 어린이, 꿈을 키워가는 어린이이다.

녹색가게운동은 자원절약운동으로 심각한 자원고갈과 불균등한 자원배분에서 생겨나는 자원의 문제를 해결해 나갈 수 있는 운동이다. 녹색가게는 원천적으로 쓰레기 발생을 억제하는 '감량' 에 초점을 두고 있으며, 재활용(recycling)과 재사용(reuse)을 통하여 환경보전과 경제 살리기 운동을 하고 있다. 1990년 새터교회는 알뜰바자회를 시작으로, 2002년 6월 YMCA녹색가게 지부로 새터 녹색가게를 운영하고 있다.

열린가족상담센터는 2004년 5월 새터교회에서 준비하여 개원하였다. 열린가족상담센터의 목적은 가난하고, 소외된 이들이 억압을 풀고, 생명력있는 삶을 살아가도록 도우며, 나아가 더불어 사는 삶을 통해 건강한 지역사회공동체를 만들자는 것이다. 열린가족상담센터에서는 개인상담 및 집단 상담 프로그램, 심리검사, 의료지원 및 법률상담, 소규모 및 열린 강좌를 운영하고 있다.

새터교회에서 2005년 6월 환경산림의 날 지역주민을 대상으로 알뜰장터를 열었다. 이전에는 알뜰장터의 경우, 공부방이나 교회에서 열렸으나, 이날은 인근 쇼핑센터에서 장소를 제공, 지역신문사에서 4주간 광고를 하고, 구청에서 동사무소에 포스터와 팜플렛을 홍보할 수 있도록 지원하여, 재활용품을 싼값에 구매할 수 있도록 했다. 이는 헌옷, 폐품을 재활용하는 환경보호운동이라는 취지에 더욱 부합한 것이었다. 교회 안에서 교회 밖으로 확대된 활동을 통해 교인은 교회의 활동에 자긍심을 갖게 되었고, 협력기관은 지역사회 주민의 일에 협조한다는 긍정적인 이미지를 심어 주었으며, 여러 지역의 주민이 동참할 수 있는 효과도 거두었다.

새터교회는 녹색가게의 재활용품과 상담소 운영을 위하여 여러 교회와 전문인력의 후원, 그리고 자원봉사활동 등의 지원을 받고 있다. 새터교회를 후원하고 있는 기관을 소개하면 다음과 같다. 대치동 교회는 2005년부터 교회 내에서 매달 첫째 주 수거된 재활용품을 새터교회에 후원하고 있다. 그리고 대치동 교회의 전문 기술자로 구성된 레위팀은 올해 새터교회의 수리가 필요한 곳을 보수하였다고 한다[13]. 열린 가족 상담센터 활동을 지원하는 의료 지원은 의료생활협동조합, 사는기쁨정신과의원의 지원을 받고 있다. 그리고 YMCA 녹색가게 지부 중, 개별적으로 재활용품, 관리전략을 지원받기도 한다.

안지성 목사는 앞으로 새터교회가 사회복지활동을 활성화하기 위하여 충원해야 할 부분으로 녹색가게와 어린이집의 자원봉사, 후원의 확대를 꼽았다. 그리고 새터교회가 향후 지역사회를 위하여 확장하고 싶은 활동은 방과 후 운영교실이 하루 종일 교육받을 수 있는 학교로 확대되는 것, 하나님이 각 사람에게 고유하게 주신 본성, 달란트를 맘껏 펼칠 수 있는 학교를 개교하는 것이다.

4) 진천 교회[14]

1990년 기장충북노회는 농촌개발원의 지원을 받아 진천지역에 농민상담소를 개소한 것에 이어 1991년 진천교회를 설립하였다. 농민상담소는 지역 농민뿐 아니라, 빈곤아동, 청소년, 외국인노동자로 이용자가 확대되어, 1997년 진천복지선교센터로 명칭을 변경하였다.

---

13) 대치동 교회의 레위팀은 대치동 교회 교인 중, 미장 등 건축 관련 일을 하는 전문인들로 구성되어 있으며, 어려운 농어촌 미자립교회를 선정하여 보수, 짓는 일을 하고 있다. 2005년에는 경북 김천 황항 교회 교역자 사택을 지었다. 레위팀은 필요한 경비를 후원받기도 하고, 레위팀원의 자비량으로 자원봉사활동을 하고 있다.
14) 2005년 5월 12일 개최된 한국기독교장로회 충북노회 선교정책 세미나에서, 이창언 목사가 발표한 "진천교회와 사회복지선교" 내용을 소개한 것이다.

진천교회의 사회복지활동은 4명의 목사가 전담하여 지역 사회
와 주민의 요구에 따라 가장 필요한 5개의 사회복지 사업, 진천자
활후견기관, 진천지역아동센터, 충북외국인노동자지원센터, 아름
다운 집, 디아코니아 학교를 운영하고 있다. 진천자활후견기관은
진천복지선교센터에서 IMF기간 동안 추진한 복지도우미사업, 노
인밑반찬사업, 된장공장사업 등 빈민자활사업이 2000년 8월 진천
자활후견기관으로 지정되어, 치매노인·와상노인·독거노인을
방문하여 목욕, 청소를 돕고 소년소녀 가장을 돌보는 가사간병도
우미사업단, 거동이 불편한 70여 명 독거노인·결식아동 급식 도
시락 배달을 하는 푸드사업단을 운영하였다. 5년 자활사업을 통하
여 도배·집수리·건축을 하는 무료 집수리 사업단은 '두꺼비 건
축' 이라는 자활공동체로 성장하였고, 가사간병사업단은 유료간병
공동체, 페인트사업공동체 등 시장형 사업으로 발전하였다. 푸드
사업단의 경우 김장을 만들지 못한 2,000세대들과 김장을 나누었
다. 진천지역아동센터는 1998년 한나유아원, 한나공부방, 대안가
정 '들꽃 피는 마을', 대안학교 '들꽃 피는 학교' 를 운영하였으며,
2004년 진천아동복지시설로 신고하여, 유아에서 청소년 모두를 지
원하고 있다. 진천지역아동센터는 빈곤아동들의 상담과 정서적 지
원, 학습 및 교육, 문화 프로그램을 통해 건전한 놀이와 교육권을
보장하고 무료급식을 통해 영육간의 건강한 양육을 목표로 운영되
고 있다. 아름다운 집(임종의 집)은 빈곤가정에서 치매 등 중한 병
환을 앓고 있는 부모를 자녀들의 심정으로 저렴하게 돌보며, 아름
다운 임종을 맞이할 수 있는 집으로 운영되고 있다. 진천교회는
2005년 3월 기장충북노회를 통해 디아코니아 학교를 운영하여 교
회사회복지 인력을 양성하고 있다.

　이상에서 살펴본 구세군여주교회, 새터교회, 진천교회의 최대

강점은 교역자와 40-50명의 성도가 교회의 사회복지활동에 일치된 마음으로 지역사회의 이웃을 찾아가는(Search) 활동을 실천하고 있다. 그리고 소수의 전문화된 사역자를 중심으로 지역사회의 현안부터 아동, 노인, 외국인 노동자 등 대상에 필요한 사회복지프로그램을(Lord map) 점차적으로 구축하여 가장 중요한 복지 대상자들이 스스로 사람을 변화시킬 수 있는 많은 기회(Opportunity)를 자연스럽게 경험한다. 또한 교회는 복지 대상자와 지역사회 내에 거주하면서 복지 대상자들을 이웃으로 존중하며, 가능성을 지지하는 자세(Identity)를 실천하는 것이다.

5. 교회와 기관 연합

교회는 사회복지활동을 실천할 때, 기독교 정신에 바탕을 둔 다양한 기관과 연합하여 교회의 Mission을 효과적으로 전달할 수 있는 형태를 개발할 수 있다.

1) 월드비전

월드비전은 1950년 한국전쟁 중에 설립되어, 현재 전세계 100여 개국에서 긴급구호사업 및 개발사업을 하고 있는 기독교 NGO이다. 월드비전에서 시행하고 있는 각종 구호사업 중에 '사랑의 빵'은 미국에서 1973년, 한국에서 1991년부터 시행되고 있다. 사랑의 빵 운동은 한 어린이가 예수님께 드린 보리떡 다섯 개와 물고기 두 마리로 오천 명을 먹이셨던 성경말씀에 기초한 것이다. 모금된 사랑의 빵은 국내 도시 영세민 가정, 소년소녀 가정, 폐광지역의 진

폐 환자 가정, 독거노인, 장애인 가정, 결식아동을 위해 사용되고
있다. 그리고 북한의 6개 지역에 국수공장을 설치하여, 매일 6만
명의 아동에게 국수 한 끼를 제공하고 있다. 그밖에도 다양한 형태
로 국내외 아동을 위한 지원사업을 진행하고 있다. 사랑의 빵과 함
께 소개되는 교육 자료는 교회 초등부, 청년부 등 부서별로 이웃사
랑에 대한 교육과 실천 자료로 사용되고 있다. 사랑의 빵 실천 운
동은 교회 절기, 여름 성경학교에 교육 자료로 함께 사용되기도 하
고 교회에 365일 항시 배치되어 이용되기도 한다.

2) 기독교 사회 봉사회

기독교사회봉사회는 한국의 대표적인 개신교 8개 교단과 한국
기독교교회협의회(KNCC)가 연합하여 1963년 설립한 사회봉사 전
문기관으로서, 도움을 필요로 하는 지구촌의 불우한 이웃에게 그
리스도의 사랑으로 봉사하기 위하여 설립되었다.

기독교사회봉사회의 사업은 국내사업으로는 국내결연사업, 장
애인 휠체어 지원, 북한 지원, 긴급구호 등이 있으며, 해외사업으
로는 해외 아동 결연 사업, 지역 개발 사업 등이 있다. 이러한 후원
사업 중에서, '휠체어 후원'은 1985년부터 시작되어 현재까지
1700여 대의 휠체어를 도움이 필요한 국내외의 이웃에게 전달하였
다. 특히 휠체어는 정부지원을 받지 못하는 이웃에게 전달되기 때
문에 그 의미가 크다.

3) 아힘나 운동 본부

아힘나 운동본부의 머릿글자 아힘나는 '아이들의 힘으로 만들

어가는 나라'라는 의미를 담고 있다. 서로를 차별하지 않고 존중
하며 공존과 관용의 가치를 몸에 익히며 상생의 문화를 생활 속에
서 실천해 나가는 평화운동을 취지로 설립되었다[16]. 2005년 5월 아
힘나 운동본부에서는 새터민(탈북) 청소년을 지원하는 방안을 모
색하는 세미나가 개최되었다. 아힘나 교육문화연구소 주관으로,
이영석 대표(무연고 새터민 청소년 생활공동체인 '다리공동체' 대
표)의 발제를 통하여, 새터민(탈북)청소년들의 한국 사회 적응에
대한 근본적인 문제에 대해 네트워크를 통한 지원방안을 모색하는
사랑방이 개최되었다. 그리고 아힘나 운동본부에서는 다양한 문화
학교를 개설하는데, '2005 아힘나 여름학교'에서는 아힘나 정신을
살린 시민교실, 생태교실, 연극교실, 문화교실, 영상교실, 문학교
실, 평화축제가 열렸다.

　이상에서 살펴본 영국·독일·미국·한국교회의 사회복지활동
을 통합하여 살펴보면, 개교회의 사회복지 참여는 사회복지활동
현안에 따라 교회들 간의 연합, 기독교 관련기관과의 연합, 기업
등 다양한 기관의 후원, 국가와의 연합, 전문 사회복지 교육 지원
등이 유기적으로 연결될 때, 가장 효과적인 활동으로 전개될 수 있
음을 알 수 있다. 교회의 사회복지 활동은 무엇보다 성도가 디아코
니아 정신을 실천하려는 의지와, 목회자의 리더십, 뜻을 같이하는
다양한 기관과 네트워크를 형성할 때 역동적인 힘을 가진다. 특히
대북 지원, 탈북자 지원 사업 등은 개교회의 사회복지활동뿐만 아

---

16) 현재 아힘나 운동본부는 강순원 한신대 교육대학원장이 초대 이사장으로, 김종수 목사가 사
무총장으로 봉사하고 있다. 아힘나 운동본부는 1992년 성남 공단지역에 탁아소 신나는 놀이
방(1992)으로 시작으로, 가난한 지역의 아이들을 위한 교육공동체 기독교사회교육원(1993),
느티나무 교회(1994), 장애통합교육센터로서 푸른 어린이 학교(1995)·여럿이함께만드는
학교(1996)·아힘나 평화캠프(2003)·아힘나교육문화연구소(2004)·느티나무마을(2004, 기
독교사회교육원을 개칭)·아힘나 운동본부 설립위원회(2004)를 바탕으로 한 진지한 노력의
결실이다.

니라 연합활동을 통하여 더 효과적으로 지원할 수 있다. 독일의 경우, 독일 통일 전후로 독일 개신교 사회봉사국이 중요한 역할을 담당했다고 한다. 한국교회에 있어서는 개교회의 왕성한 사회복지활동은 다른 국가에서 찾아보기 어려운 강점이다. 한국교회는 이러한 점을 활성화할 뿐만 아니라 전국 연합, 지역별 유기적인 네트워크를 형성하여, 이웃사랑을 실천하는 다른 국가들의 강점을 수용하여 결집되고 전문화된 교회사회복지를 실천해야 할 것이다.

제5장
교회사회복지 실천을
위한 인력 활용

제5장 교회사회복지 실천을 위한 인력 활용

지금까지 살펴 본 교회사회복지활동을 실천하기 위해서는 교회사회복지 전문 인력이 요청된다. 이 장에서는 교회사회복지 프로그램을 개발하고 사회복지활동을 활성화할 수 있는 전문 인력 양성과 SILOAM 모델을 실천하는 방법 중, 쉽게 접근할 수 있는 자원봉사활동에 대하여 살펴보고자 한다.

1. 교회사회복지 전문 인력 양성

자원봉사활동을 포함한 교회사회복지 활동을 전문적으로 관리할 수 있는 인력 양성을 현행 교육과정을 통하여 살펴보고자 한다. 우리나라의 초기 사회복지 전문 인력은 기독교 정신에 바탕을 두고 있었다. 1947년 이화여자대학교 기독교사회사업학과, 1954년 중앙신학원(강남대학교 전신)사회사업학과, 1958년 그리스도교회신학교(그리스도대학교 전신) 종교사회사업학과가 개설되었다. 연세대학교는 1981년 신과대학 사회사업학과가 개설된 후, 1995년 사회과학대로 소속이 변경되었다.

그러나 교회의 사회복지활동의 참여가 증대되면서, 여러 형태로 교회사회복지 인력을 양성하는 기관이 설립 운영되고 있다. 첫째, 대학 교육을 통하여 사회복지사가 양성되고 있다. 예를 들면, 총신대사회복지학과의 경우 기독교 사회복지론을 학과기본과목으로 이수하여야 한다. 숭실대학교 통일사회복지정책대학원에는 교회사회사업학과가 개설되어 있으며, 교회사회사업 실천론을 전공필수로 이수하여야 한다. 한일장신대학교에는 기독교 사회복지대학원이 개설되어 있으며, 성경에 관련된 과목 중 사회복지학 전공자는 1과목을, 기독교 사회복지학전공자는 2과목을 수강하도록 되어있다. 둘째, 산학협동을 통하여 기독교케어복지사가 양성되고 있다. 한국기독교케어복지사협회와 총신대학교가 협력하여 총 145학점을 1년 과정으로 이수한 후, 기독교케어복지사로 활동하고 있다. 셋째, 지역사회 내 교회와 대학이 연합하여 교회사회복지 인력을 양성하고 있다. 충북지역은 2005년 3월부터 진천교회가 기장 충북노회를 통하여 디아코니아 학교를 운영하고 있다. 그리고 충북지역에서 활동할 교회사회복지사를 양성하기 위하여, 군장대학 사회복지학과와 협력하여, 디아코니아학교에서는 신학을, 군장대학에서는 사회복지학을 수강하는 교육과정을 운영하고 있다.

그러나 현재 운영되고 있는 인력양성 프로그램을 활성화하면서, 동시에 다양한 방법으로 한국교회사회봉사활동을 발전시킬 체계적이고 전문적인 인력 양성이 요청된다[17]. 이러한 방안은 다양한

---

17) 한 예로 미국 보스톤 대학 사회복지학과의 경우 신학과 관련하여 3가지 dual degree 과정이 개설되어 있다. 사회복지학 석사(MSW)와 신학 석사(MTS) dual degree 과정, 사회복지학 석

토론과 합일을 거쳐 현재 사회복지교육과정과 제도에 반영될 수 있어야 할 것이며, 동시에 양성된 인력이 활동할 수 있는 장(場)도 고려되어야 할 것이다.

특히 사회복지활동을 활발하게 실천하고 있는 교회의 경우, 담당 부서 목사, 부목사, 부서 부장 등 사회복지 전담 부서의 관리인력에 대한 사회복지교육이 필수적이다. 이를 위하여 교회에서는 이러한 교육을 받을 수 있도록 지원하는 것이 요청된다. 그리고 교회 내에 사회복지사를 두어 교회사회복지활동을 전담하도록 하는 것이 필요하다.

그러나 아직 교회사회복지 활동을 전담할 수 있는 사회복지사를 고용할 수 있는 재정이 허락되지 않는 교회가 많다. 이와 같은 현실에서 교회자원봉사활동을 관리할 수 있는 인력 양성은 분야별로 외부기관의 협력을 통해서 가능할 것이다. 예를 들면 자원봉사활동은 행정자치부 산하 지방자치단체별로 설치된 250여개의 자원봉사센터[18], 지역사회복지관 등 다양한 사회복지기관에서 자원봉사활동에 관련된 교육과 정보 지원을 받을 수 있다.

사(MSW)와 목회학 석사(MDiv) dual degree 과정, 사회복지학 석사(MSW)와 목회학 박사(DMin) dual degree 과정이 개설되어 있다. 이와 같은 학제를 운영할 경우, 복합적이고 다문화적 사회에 필요한 전문 인재(두 개의 학위를 취득한) 양성을 재정과 시간을 최소화하여 양성할 수 있는 장점이 있다(www.bu.edu/ssw 2005년 7월 10일 자료 검색).

18) 지역에서 가장 가까운 자원봉사센터에 연락하려면, 국번없이 1365에 전화를 하면 센터를 이용할 수 있다. 현재 각 자원봉사센터 자원봉사교육은 자체적으로 운영되고 있으며, 자원봉사교육, 자원봉사활동 관련 정보 교류가 가능하다. 이밖에도 볼런티어 21에서는 위탁 교육, 전문교육 등 다양한 자원봉사교육프로그램을 운영하고 있으며, 자원봉사단체협의회에서는 인터넷 자원봉사교육 프로그램을 운영하고 있다. 또한 2005년 6월 30일 국회에서 자원봉사활동기본법이 통과되었으므로, 앞으로 자원봉사활동은 여러 방법으로 강화·지원될 전망이다.

2. 교회사회복지 자원봉사활동

1) 자원봉사의 개념과 의의

자원봉사란 사회문제의 예방 및 해결 또는 국가의 공익사업을 수행하고 있는 공·사조직에 자발적으로 참여하여 영리적 보상을 받지 않고서도 인간을 존중하는 정신과 민주주의 원칙에 입각하여 낯선 타인들을 상대로 필요한 서비스를 제공함으로써 사회의 공동선을 고양하고, 동시에 이타심의 구현을 통해 자기실현을 성취하고자 하는 활동이다[18]. Darvill & Munday는 "자원봉사란 자신의 친족이 아닌 사람들을 위하여 무보수로 자발적인 서비스를 하는 것으로 비공식적인 이웃과의 만남을 통해서보다는 특정한 공식 조직을 통하여 하는 서비스이다"라고 정의했고, Manser & Cass는 "개인이 자신이 선택한 자원봉사 기관을 통하여 최대한 자유롭게 공익을 증진하기 위해서 하는 자발적이고 사적인 활동이다"라고 정의했다. 즉 자원봉사는 물질적 대가 없이 자발적으로 수행하는 조직적인 활동이다. 여기서 '자발적'이라 함은 강요에 의해서가 아니라 자신의 의지대로 선택하는 행위이며, 대가없는 무보수란 자원봉사의 행위에 대해 대가가 되는 금전적 보수나 물질적 보상 없이 무상으로 행한다는 의미이다. 그러나 무상의 활동이지만 그 활동을 통하여 자신의 내적 성장과 정신적 이득을 기대하거나 동기화하는 사람도 있다.

Wuthnow는 자원봉사를 위해서는 특정한 봉사 활동을 위한 전문화된 지식을 습득하고, 특정한 역할을 수행할 수 있는 많은 정보

---

18) 국사회복지협의회, 1987

를 필요로 하는 만큼 그 유용이 있음을 지적하며, 그로 인해 첫째
는 우리자신과 정체성에 대한 새로운 지식을 얻을 수 있으며, 둘째
는 봉사 활동을 하는 젊은이들이 직업에 대한 생각과 가치관을 바
꾸며, 셋째는 자원봉사를 통해 남을 돕는 일이 돈을 버는 것보다
중요한 일이라는 것을 배운다(Wuthnow, 1995: 82-8)고 말하고 있
다. 따라서 자원봉사자란 자유의지를 가지고 자기 스스로 강제 받
지 않는 상태에서 다른 사람이나 사회를 위해 헌신하는 사람을 일
컬으며, 자원봉사활동이란 이러한 자원봉사자의 개인적, 집단적
행위와 활동 모두를 일컬어, 물질적인 반대급부 없이 자발적으로
개인이나 사회를 위해 돕는 사람들의 다양한 행위를 의미하는 것
이다.

2) 자원봉사의 성서적 의의

"사람이 넘어질 때 어찌 손을 펴지 아니하며 재앙을 당할 때에 어찌 도움
을 부르짖지 아니하겠는가. 고생의 날 보내는 자를 위하여 내가 울지 아
니하였는가, 빈궁한 자를 위하여 내 마음에 근심하지 아니하였는가"(욥
30: 24-25).

"가난한 자를 구제하는 자는 궁핍하지 아니하려니와 못 본 체하는 자에
게는 저주가 많으니라"(잠 28: 27).

"의인은 가난한 자의 사정을 알아주나 악인은 알아 줄 지식이 없느니라."
(잠29: 7)

"사람이 사는 동안에 기뻐하며 선을 행하는 것보다 나은 것이 없는 줄을
내가 알았고"(전 3: 12).

"주린 자에게 네 식물을 나눠주며 유리하는 빈민을 네 집에 들이며 벗은
자를 보면 입히며 또 네 골육을 피하여 스스로 숨지 아니하는 것이 아니

겠느냐. 그리하면 네 빛이 아침같이 비췰 것이며 네 치료가 급속할 것이며 네 의가 네 앞에 행하고 여호와의 영광이 네 뒤에 호위하리니 네가 부를 때에는 나 여호와가 응답하겠고 네가 부르짖을 때에는 말하기를 내가 여기 있다 하리라"(사 58: 7-9).

"사람에게 보이려고 그들 앞에서 너희 의를 행치 않도록 주의하라 그렇지 아니하면 하늘에 계시는 너희 아버지께 상을 얻지 못하느니라. 그러므로 구제할 때에 외식하는 자가 사람에게 영광을 얻으려고 회당과 거리에서 하는 것같이 너희 앞에 나팔을 불지 말라. 진실로 너희에게 이르노니 저희는 자기상을 이미 받았느니라. 너는 구제할 때에 오른손의 하는 것을 왼손이 모르게 하여 네 구제함이 은밀하게 하라. 은밀한 중에 보시는 너의 아버지가 갚으시리라"(마 6: 1-4).

"네 원수가 주리거든 먹이고 목마르거든 마시우라. 그리함으로 네가 숯불을 그 머리에 쌓아 놓으리라 악에게 지지 말고 선으로 악을 이기라"(롬 12: 20).

"내가 내게 있는 모든 것으로 구제하고 또 내 몸을 불사르게 내어 줄지라도 사랑이 없으면 내게 아무 유익이 없느니라. 사랑은 오래 참고 사랑은 온유하며 투기하는 자가 되지 아니하며 사랑은 자랑하지 아니하며 교만하지 아니하며 무례히 행치 아니하며 자기의 유익을 구치 아니하며 성내지 아니하며 악한 것을 생각지 아니하며 불의를 기뻐하지 아니하며 진리와 함께 기뻐하고 모든 것을 참으며 모든 것을 믿으며 모든 것을 바라며 모든 것을 견디느니라"(고전 13: 3-7).

"자기의 육체를 위하여 심는 자는 육체로부터 썩어진 것을 거두고 성령을 위하여 심는 자는 성령으로부터 영생을 거두리라. 우리가 선을 행하되 낙심하지 말지니 피곤하지 아니하면 때가 이르매 거두리라. 그러므로 우리는 기회가 있는 대로 모든 이에게 착한 일을 하되 더욱 믿음의 가정들에게 할지니라"(갈 6: 8-10).

"내 형제들아 만일 사람이 믿음이 있노라 하고 행함이 없으면 무슨 이익
이 있으리요. 그 믿음이 능히 자기를 구원하겠느냐 만일 형제나 자매가
헐벗고 일용할 양식이 없는데 너희 중에 누구든지 그에게 평안히 가라,
더웁게 하라 하며 그 몸에 쓸 것을 주지 아니하면 무슨 이익이 있으리요
이와 같이 행함이 없는 믿음은 그 자체가 죽은 것이라…… 영혼 없는 몸
이 죽은 것같이 행함이 없는 믿음은 죽은 것이니라"(약 2: 14-16, 26).

기독교 자원봉사는 하나님 사랑의 실천이다. 또한 본받는 것이
다. 그를 위해서 하나님이 하시는 일에 동참하는 것이다. 예수님께
서 주의 일을 하실 때 섬기는 마음으로 거룩하시고 자비로우시며
은혜로우셨던 것처럼 교회에서의 자원봉사 활동도 섬김의 자세,
거룩하고, 자비롭고, 은혜롭고, 하나님의 영광을 위하여 실천하여
야 한다(김기원, 1998: 526).

3) 자원봉사의 성서적 실천방법

김기원은 교회가 자원봉사 활동을 실천할 때 기독교 사회복지
의 근본적인 실천방법에 따라 6가지의 성서적 근거 하에 실행되어
야 한다고 하였는데, 그 내용은 다음과 같다(김기원, 1998: 527-
533).

(1) 거룩하게 봉사하라.

거룩은 예배적인 요소와 도덕적인 요소가 있다. 거룩은 여호와
백성의 본질적인 특성이다.

"사랑을 입은 자녀 같이 너희는 하나님을 본받는 자가 되고 그리스도께

서 너희를 사랑하신 것 같이 너희도 사랑 가운데서 행하라"(엡 5: 1-2).

우리도 모든 행실에서 거룩한 자가 되어 거룩한 자세로 자원봉
사 활동에 임하여야 한다.

(2) 섬김의 자세로 봉사하라.

예수께서는 이 땅에 봉사자로, 섬기는 자로 오셨다. 봉사는 섬긴
다는 의미이다. 남을 섬기기 위해서는 스스로를 낮추어야 한다. 예
수께서는 이 세상의 천하고 멸시받고 궁핍한 천민 계급의 사람까
지 섬기기 위해, 이들을 위로하고 희망을 주고 도와주고 치유해주
기 위해 스스로 가장 낮은 자로 임하셨다. 우리도 하나님의 종이라
는 봉사 자세로 세상과 구별되게 섬기는 자세로 봉사에 임하여야
한다.

> "앉아서 먹는 자가 크냐, 섬기는 자가 크냐. 앉아 먹는 자가 아니냐. 그러
> 나 나는 섬기는 자로 너희 중에 있노라"(눅 22: 27).

(3) 영생을 얻는 길이라. 인식하고 봉사하라.

성경에는 이웃사랑을 실천하는 것이 영생을 얻게 하는 필수적
인 조건임을 천명하고 있다. 이웃사랑은 율법의 가장 큰 계명 가운
데 하나이며 율법의 완성으로 황금률이라 칭해진다. 예수께서는
율법의 가장 큰 계명은 하나님 사랑과 이웃사랑임을 가르치고 계
신다. "네 마음을 다하고 목숨을 다하고 뜻을 다하여 주 너의 하나
님을 사랑하라 이것이 첫째 계명이요 둘째는 네 이웃을 네 몸과 같
이 사랑하라"(마 22: 37-39) 예수께서는 율법사가 무엇을 하여야
영생을 얻으리이까? 질문하였을 때 "이를 행하라 그러면 살리라"

하시며 의인은 형제 중에 주린 자, 나그네, 헐벗은 자, 병자, 옥에 간힌 자와 같은 지극히 작은 자들이 고통 속에 신음하고 있을 때 이들 하나에 베푼 자를 의미하고 이들에게 베푼 것이 곧 자신에게 베푼 것이라고 말씀하셨다.

(4) 자비롭게 봉사하라.

"너희 아버지의 자비하심 같이 너희도 자비하라"(눅 6: 36). 자비(慈悲)란 뜻은 사랑하는 마음을 가지고 즐거움을 주며, 연민의 정을 가지고 사람들의 고통을 없애 주는 것이다. 성경은 성도들에게 하나님의 자비하심을 본받으라고 명령하고 있다. 즉, 타인의 고통을 자신의 고통으로 여기며 자비로운 봉사활동을 통하여 주는 자와 받는 자가 모두 마찬가지로 충만함을 느끼는 것이다.

(5) 하나님의 영광을 위해 봉사하라.

기독교 자원봉사에 임하는 자원봉사자는 사람의 영광이 아닌, 하나님의 영광을 위해서 봉사해야 하며, 예수의 이름으로 행해야 한다. 자원봉사자들이 자신의 이름을 빛내려 하거나 자신의 영광만 구하려는 공명심으로 봉사하려는 것이 아니라 예수의 명령에 대한 순종으로 예수의 정의가 이 땅에 실현되도록 하나님의 영광을 구하기 위해 봉사하여야 한다.

> "사람에게 보이려고 그들 앞에서 너희 의를 행치 않도록 주의하라. 그렇지 아니하면 하늘에 계시는 너희 아버지께 상을 얻지 못하느니라. 너는 구제할 때에 오른손의 하는 것을 왼손이 모르게 하여 네 구제함이 은밀하게 하라. 은밀한 중에 보시는 너의 아버지가 갚으시리라"(마 6:1-4).

(6) 받은 은사대로 충실하고 겸손하게 봉사하라.

하나님께서는 믿는 자들에게 서로 다른 직분을 주시고 서로가 자기에게 맡겨진 직분에 충실하고 협력하여 하나님의 뜻을 이루시길 원하신다. 따라서 자원봉사 활동에 임하면서 어느 한 사람이 모든 일들을 다하려 하거나 다른 직분의 일까지 하려 하지 말고 각 사람에게 맡겨진 은사에 따라 충실하게 봉사하도록 노력해야 한다. 봉사자는 먼저 믿음의 형제들인 동료를 사랑하고 서로 우애하고 존경해야 한다. 주의 뜻을 행하는 것이므로 부지런히 그리고 열심히 행해야 한다. 아무 일에든지 다툼이나 허영으로 하지 말고 오직 겸손한 마음으로 봉사해야 한다.

4) 자원봉사활동이 교회에 미치는 영향

한국보건사회연구원에서 목회자를 대상으로 실시한 설문조사에서 자원봉사활동이 교회에 미치는 영향에 대해 응답한 것을 살펴보면 다음과 같다(김미숙 외, 1999: 118-127). 목회자의 47.9%가 교회에 대한 좋은 인식을 가지게 된다고 하였으며, 40.6%가 교인들의 신앙훈련에 도움을 주며, 성숙된 그리스도인이 되게 하고, 자원봉사를 통해서 교회가 성장, 발전이 되거나 교회에 대한 홍보가 된다고 하였다. 따라서 목회자들은 자원봉사활동이 교회와 교인들에게 주는 혜택에 대해서 상당히 긍정적으로 인식하고 있다고 볼 수 있다.

한편 교회에서 활동하는 자원봉사자들 대다수의 전문성 결여와 책임의식의 부족함을 지적하였으며, 또한 힘든 일을 꺼린다고 하였다. 가장 많이 지적된 전문성 결여는 전문적인 소양을 갖고 있는 교인들이 자원봉사를 기피하여서 발생한 경우와, 전문성을 갖고 있더라도 이를 어떻게 활용할지 몰라서 사장되는 경우를 들 수 있다. 이러한 문제를 극복하기 위해서는 전문적인 영역에서 자원봉사를 할 수 있는 인력의 개발과 함께, 자원봉사에 대한 교육 및 훈련을 실시하여 자원봉사에 필요한 기술과 지식, 태도 등을 습득하도록 하는 작업이 필요하다.

5) 교회에 적합한 자원봉사 활동의 영역

교회가 지역사회를 위해 참여할 수 있는 자원봉사 활동의 영역은 아동, 청소년, 노인, 장애인, 여성, 실직자 및 노숙자, 지역주민 등이 있고, 이를 위한 다양한 시설과 프로그램을 통해 참여할 수 있다. 봉사내역은 크게 노력봉사, 교육봉사, 전문기술봉사로 구분된다. 그러나 사회봉사에 대한 관심을 갖고 재정적 준비가 되어 있을지라도 대부분의 교회는 어떤 봉사 활동 프로그램을 선택할 것인가에 대해 고민하는 경향이 많다. 즉 어떤 프로그램을 선택하는 것이 이웃을 위한 진정한 자원봉사 활동이며 교회의 선교와 전도에도 도움이 될 수 있을 것인가에 대한 관심이다. 교회가 자원봉사 활동 및 프로그램을 선택할 때 고려해야 할 사항은 아래와 같다.

- 교회가 위치한 지역사회특성을 고려해야 한다. 도시-농촌, 아파트-주택, 저소득층-중산층 등에 따라 프로그램선택을 고려하는 것이 바람직하다.
- 이웃 지역에서 이미 실시하고 있는 프로그램과 중복을 피해야 한다.
- 정부의 복지정책과 일치하며 지역사회에서도 욕구가 높은 프로그램을 선택해야 한다.

- 사회구조적 변화에 따라 새롭게 나타나는 문제에 관심을 가지고 접근해야 한다.
- 일회적인 것보다는 계속적으로 할 수 있는 프로그램이 바람직하다.
- 이미 실시한 경험이 있는 기관이나 전문가의 자문을 받는 일도 중요하다.
- 교회와 유기적인 관계를 가질 수 있는 프로그램을 선택해야 한다. 교회가 재정적 지원을 하며 신도들이 직접 참여할 수 있는 프로그램이 바람직하다(최순남, 1998: 359-390).

6) 교회 자원봉사 활동의 관리업무

교회가 자원봉사 활동을 위한 프로그램을 선택하면 그 사업을 위해서는 계획에서부터 실천에 이르기까지 전 과정을 계획·관리하는 과정이 중요하다.

자원봉사 관리자는 업무와 프로그램을 개발하고 기획하는 기획가이며, 업무를 전담하는 관리자이며, 또한 관리상의 문제점을 진단하고 대안을 마련하면서 새로운 프로그램의 개발을 준비하기 위해 업무 전반을 평가하는 평가자이다. York는 이러한 계획과정을 거치는 것이 필요한 이유로 첫째, 프로그램에 대한 확실성과 합리성, 책임성을 높일 수 있다. 둘째, 계획과정과 의사결정 과정에서 다양한 의견을 공유할 수 있다. 셋째, 프로그램 시행 후 평가할 수 있다고 말했다. 즉 전문성과 책임성에 바탕을 둔 계획은 사업의 효율성을 위해서 필요할 뿐 아니라 그 자체가 직원훈련의 과정이 되기 때문이다. 그 과정을 단계별로 살펴보면 아래와 같다.

(1) 기획(Planning)

기획은 목표를 설정하고, 조건을 동원하며, 무엇을 어떻게 할 것인가를 결정하는 일이다. 단일 목표에 다양한 행동계획을 수립해서 정책결정자의 대안에 대한 결정을 내리도록 기획한다. 교회의 자원봉사 활동 사업은 교회가 위치한 지역사회의 문제해결에 참여하는 것이므로 우선 교회가 위치한 지역사회의 문제가 무엇인지 지역사회 욕구조사와 관련 자료를 수집하고 분석하는 것으로부터 시작되어야 한다.

(2) 조직화(Organizing)

조직화는 설정된 목표와 목표 달성을 위해 관련된 인적 자원을 구성하고 각자의 역할을 부여하는 일이다. 즉 목표 달성을 위한 세부 업무를 설계하는 작업이다. 인사구성, 행정조직, 재원확보가 3대 주요 작업이다. 프로그램에 대한 전체적인 기획을 기초로 해서 구체적인 업무를 설계한다. 효과적인 자원봉사 프로그램을 관리하는 데 있어 가장 중요한 요소는 자원봉사자의 업무 설계이다. 자원봉사자에게 만족스런 업무를 설계하는 능력은 자원봉사관리자의 가장 중요한 기술 중의 하나이다. 그리고 그 업무설계는 업무분장을 통해 구체화되어야 한다. 업무분장은 자원봉사자의 지도와 평가에 쓰이는 도구의 기능을 하기 때문이다. 업무분장은 직책명칭, 업무목적, 제안된 활동, 평가척도, 자격요건, 활동수행기간, 업무수행 장소, 업무지도, 혜택, 기관의 철학과 가치 등의 요소로 이루어져야 한다(김범수 외 공저, 2001: 72).

활동을 위한 시설은 교회의 모든 건물들을 개방하여 사용한다. 본당, 교육관 및 각 방들을 배정하여 사용한다. 그리고 인력은 지도교역자(단장)의 지도 하에 이루어지도록 한다. 실무는 부단장

(장로)의 지도 하에 자원봉사자 실무책임자와 운영부서 각 팀장 (집사)이 봉사자의 모집부터 홍보, 교육, 배치, 관리, 평가 등 전체 운영을 관리한다.

(3) 요원 구성(Staffing)

누가 자원봉사자인가, 그 자원봉사자가 희망하는 일에 연결시키는 작업, 그리고 누가 어떤 일을 어떻게 수행할 것인가에 관한 작업이 요원 구성의 주 업무가 된다. 여기에는 모집, 면접, 교육, 훈련, 배치 등 일련의 과정이 포함된다. 활동의 목적과 방향, 인원, 활동대상 등이 정해진 후에 자원봉사자를 필요로 하는 곳에서 요구하는 봉사활동에 관한 내용을 검토한 후 누구를 모집할 것인가, 어디에서 모집할 것인가, 자격조건, 필요한 인원 수 등 목적과 목표가 명확한 가운데 교회의 각 활동부서나 교회 홈페이지를 통해 홍보한다. 모집 시, 어느 경로를 통해 모집하는 것이 가장 효과적인지를 분석하고, 등록한 인원들 모두가 교육에 참석하도록 유도한다. 교육에는 초기 오리엔테이션, 자원봉사를 시작하려는 사람을 위한 기초교육, 활동 중인 봉사자를 대상으로 기능강화를 위한 재교육, 분야별로 전문교육을 실시하는 소집단 교육과 교육 평가로 분류된다.

(4) 감독(Directing)

자원봉사자의 모집, 훈련, 배치를 마친 다음 자원봉사자와 직원을 지도·감독하는 일이 뒤따른다. 지도감독자는 '다른 사람들이 할 수 있도록 가능하게 하는 사람'으로 관리자의 주요 업무 중 하나이다. 자원봉사자의 활동을 지도·감독하며 수시로 중도탈락자, 문제발생 시 대처방안 등을 준비해야 한다. 자원봉사자의 활동에 대한 기대, 목표, 참여 동기에 따라 적합한 업무를 부여할 때 각 개인의 연령, 취미, 기술, 재능 등을 최대한 고려하여 배치하여야 하며, 본인이 희망하는 적합한 업무가 없을 때는 무리하게 배치하지 말고 새로운 업무를 개발하여야 한다.

(5) 통제(Controlling)

통제는 봉사활동 현장의 진행 상황을 수시로 점검하면서, 자원봉사자가 당면한 문제, 현장에서의 상황변화를 통솔하는 일련의 과정이다. 관리자는 현장에 직접 나가 현장 체험을 해야 하며 현장 대표와의 긴밀한 연락관계를 유지하여 문제발생 시 수시로 전담부서 대표와 협의하여 해결책을 결정하는 역할을 해낸다. 특히 자원봉사자의 기대에 어긋나는 문제가 발생하기 쉽고, 봉사 의욕이 생기지 않는 경우가 흔한데, 그렇게 되면 지속적인 활동을 포기하는 중도 탈락자가 대거 발생할 수 있다. 따라서 봉사활동이 진행 중인 과정에 대한 평가, 봉사활동이 끝난 결과에 대한 평가기 수시로 이뤄져야 한다.

- 시작 직후: 첫 활동을 마친 후, 관리자가 직접 만나거나 전화를 통하여 활동의 진행사항이나 활동에 대한 느낌 등을 물어보며 격려하거나, 처음 활동을 시작한 봉사자들끼리의 모임을 만들어 관리자의 주관 아래 질문에 대한 대답 및 피드백을 제공하고, 또한 경험의 공유를 통해 공감대를 형성할 수 있도록 지원한다.
- 시작 후 3개월: 봉사자와의 면담을 통해 활동에 대해 물어보고 새로 얻은 지식, 자원, 문제점 등에 대해 토의하는 기회를 가지며, 전문가의 강연이나 정부간행물, 또는 시청각자료 등

을 통하여 자원봉사활동에 대한 새로운 정보 및 지식을 제공
한다.
· 시작 후 1년: 봉사자와 활용기관, 관리자가 함께 하는 모임을
  통해 활동에 대해 평가하고, 문제점 등을 토의하며 본인이 활
  동을 계속할지의 여부 및 활용기관에서 봉사활동이 지속적으
  로 필요한지 검토한다(조흥식, 2005: 51).

7) 교회 자원봉사 활동의 필수 자세

자원봉사자는 봉사활동을 실천할 때 섬기는 마음과 함께 다음
과 같은 사항을 유의하여 봉사활동을 하는 기관, 자원봉사 대상자
를 배려하는 것이 필요하다.

(1) 차림새

복장은 봉사활동에 어울리는 밝고 차분한 색의 청결하고 활동
하기 쉬운 형태의 것을 선택하는 것이 좋다. 신발은 활동력을 주기
위해 뒤축이 낮은 것, 또는 바닥이 평평하고 소리가 나지 않으며
미끄러지지 않는 것이 좋으며, 머리는 항상 청결하게 감고, 긴 머
리의 경우 활동하기에 거추장스럽지 않도록 묶거나 뒤로 말아 올
린다. 또한, 가급적이면 향수는 삼가는 것이 좋으며, 반지와 시계,
악세사리 등은 상대방을 다치게 할 위험성이 있고, 자칫 위화감을
조성할 우려가 있으므로 되도록 착용하지 않도록 한다.

(2) 첫인사

처음 자원봉사대상과 만나면 상대방이 맞는지 확인하고 예의
바르게 인사한 후 대상 및 그 가족들에게 본인의 소개와 방문목적

을 설명한다. 미리 담당사회복지사가 대상이나 가족에게 설명한
후라도 봉사자 본인이 다시 한 번 자신의 활동영역에 대해 이야기
해 주고 대상은 물론 가족들과도 긴밀하고 친밀한 관계가 형성되
도록 노력하는 것이 좋다.

(3) 대화법

공손한 말도 그 정도가 지나치면 '겸손한 척 한다' 거나 '업신여
겼다' 고 받아들이는 사람이 있을 수 있으므로 상대방에 따라 적절
한 말의 선택이 필요하다.

(4) 방문 예절

기관측이 안내하는 시설 이외의 장소를 개인적인 호기심으로
기웃거리지 않으며, 동정적인 시선이나 표현, 자세를 나타내지 않
는다. 또한 필요한 경우가 아니면 사진 촬영은 가능한 삼가고 특히
삼삼오오 기념 촬영을 하지 않도록 주의하며, 기관 내에서 마주치
는 대상자에게 웃는 얼굴로 눈인사를 나누도록 하고 호기심이나
동정심을 나타내지 않도록 주의한다.

8) 자원봉사활동이 자원봉사자에 미치는 영향

2005년 3월 25일부터 4월 13일까지 영락사회복지재단에서는 산하
사회복지시설 영락애니아의집, 영락노인복지센터, 영락모자원, 영락
보린원에서 활동하는 자원봉사자 244명을 대상으로 설문조사를 실
시하였다[19]. 본 설문조사는 개인을 전인적(holistic) 관점, 생

---

19) 영성 정도를 측정하기 위하여 Paloutzian과 Ellison이 개인의 영적 안녕(종교적 안녕, 실존적
   안녕)을 측정하기 위하여 개발한 척도를 사용하였다.

(physical) · 사회(social) · 심리(psycho) · 영성(spiritual)을 포함하는 전체로서 이해하고, 자원봉사활동을 통하여 영적 재활(spiritual rehabilitation)을 모색할 수 있는 기초 연구의 필요성에서 비롯되었다.

통계분석 결과 중 먼저 자원봉사자의 영성 정도를 살펴보면, 5점 기준으로 영성의 종교적 안녕이 평균 3,61, 영성의 실존적 안녕은 평균 3,79로 나타났다. 특히 60대 이상 자원봉사자의 영성 정도는 평균 3.99로 나타났다. 이와 같은 결과는 다른 연구에서 조사된 60대 이상 노인 영성 정도보다 높은 것이다. 이상은(2003)의 연구에서, 지역 교회에서 활동하는 노인의 영성 정도는 평균 3.48이었으며, 이현영(2005)의 연구에서, 노인종합복지관을 이용하는 60대 이상 노인의 영성 정도는 평균 3.48로 나타났다. 그리고 봉사활동 기간에 따라 자원봉사자의 영성 정도가 차이가 보였는데, 3년 이상 자원봉사활동한 자원봉사자의 영성 정도는 5점 기준으로 평균 3.92, 1년-3년 미만으로 활동한 자원봉사자의 영성 정도는 평균 3.67, 1년 미만으로 활동한 자원봉사자의 영성 정도는 평균 3.55 순으로 나타났다. 또한 자원봉사자는 참여 형태에 따라 영성 정도에 차이를 보였는데, 매주 참여하는 경우 영성 정도는 5점 기준으로 3.77, 매월 참여하는 경우 영성 정도는 3.60, 비정기적으로 참여하는 경우는 영성 정도는 3.12 순으로 나타났다.

이상과 같이 자원봉사활동을 하는 경우가 하지 않는 경우보다 영성의 정도가 높았고, 자원봉사활동을 정기적, 지속적으로 하는 경우 영성의 정도가 높은 것으로 나타났다.

그 밖에 자원봉사자가 자신이 맡은 자원봉사 업무가 적절하다고 인식할수록, 자원봉사활동에서 만나게 되는 직원, 대상자, 자원봉사자들과의 대인관계 만족감이 높을수록 영성의 정도가 높은 것으로 나타났다. 향후 자원봉사자 관리 방법에 있어서는 자원봉사자가 자신의 적성에 맞는 활동을 할 수 있도록 자원봉사와 관리자와의 의사소통을 활발히 해야 할 것이다. 그리고 자원봉사자가 봉사활동을 하는 동안 다양한 대인관계를 형성하고 발전시켜 갈 수 있도록 지원해야 할 것이다.

교회의 자원봉사 활동의 활성화 방법은 새로운 선교전략으로 우리에게 과제를 제시해 주고 있다. 이를 위해 교회가 사회복지 활성화를 위한 자원봉사 활동을 더욱 활발하게 하기 위해서는 우선 이를 담당할 전문 인력을 확보하는 것이 급선무일 것이다. 현재 교회 내에는 복지전문가가 없고 목회자나 선교회가 사회복지활동을 담당하고 있다. 즉, 사회복지에 대해서 전문성이 없는 사람들이 사회복지를 담당하고 있는 실정이다. 이는 교회의 사회복지활동이 단순한 자선사업의 차원을 벗어나지 못하고 있음을 의미한다. 또한 교회들이 어떤 프로그램을 어떻게 해야 할 것인가를 잘 모르고 있어 의욕은 있을지라도 실제에 있어서는 지역사회에 사회봉사 활동을 통한 영향은 미미한 실정이다. 따라서 교회의 사회복지활동이 단순한 자선사업의 차원을 넘어서 적극적인 지역주민을 위한 사회복지활동이 되기 위해서는 사회복지전문가가 교회의 사회복지활동을 전담할 필요가 있다. 이를 통해 교회자원을 효율적으로 사용할 수 있으며, 교회는 지역주민이 필요로 하는 복지프로그램을 각 교회의 특성에 맞게 개발하여, 지역사회 봉사활동을 활성화시킬 수 있을 것이다. 교회가 지역사회의 현실적인 문제에 적극적으로 대응하게 함으로써 교회의 일차적인 목적인 전도와 영혼구원에도 효과를 거둘 수 있게 될 것이다.

교회는 예수님이 보여 주신 섬기는 삶, 즉 가난하고 도움이 필요한 자에게 찾아가신 모범과 사명을 좇아, '디아코니아' 실천을 활성화하여야 한다(Search). 교회가 성도와 지역사회의 주민을 함께 섬길 때 사랑의 섬김은 더욱 빛을 발할 것이다. 그리고 교회의 디아코니아 활동은 교회의 비전에 바탕을 두고 단기·장기 계획에 따라 개발된 사회복지프로그램에 의해 제공하는 것이 효과적이다(Lord map). 또한 누구나 사회복지프로그램의 혜택을 받을 수 있는 기회(Opportunity)를 가질 수 있도록 개방하는 것은 교회사회복지 실천에서 가장 강화되어야 할 부분이다. 교회가 지역의 현안에 따라 지역 사회 내 교회 연합, 각 교단 연합, 한국 기독교 연합 등 다양한 형태로 사회복지활동을 활성화할 때, 국가의 민간 파트너로서 우리나라 전체를 섬기는 중요한 역할을 담당할 것이다.

참고문헌

김기원(2003), 『기독교 사회복지론』, 서울: 대학출판사.
김성이(2003), 『자원봉사활동의 이론과 실제』, 서울: 양서원.
고미영(2000), 『미국교회의 사회봉사』, 서울신학대학교 사회봉사단 출판부.
김미숙·홍석표·이만식·유장춘(1999), 『종교계의 사회복지활동 현황과 활성화 방안 연구』, 서울: 한국보건사회연구원.
맹용길(1988), 『기독교윤리실천방법론』, 서울: 장로회신학대학교 출판부.
박소연(1990), 『보린의 사랑은 강물처럼』, 서울: 늘푸른.
박영호(1989), 『기독교와 사회사업』, 서울: 기독교문서선교회.
박종삼(1994), 『기독교 사회복지』, 부천: 서울신학대학교 기독교사회복지연구소 편.
______(2000), 『교회사회봉사이해와 실천』, 서울: 인간과 복지.
박현정(2005), 자원봉사활동과 영성의 관계연구, 이화여자대학교 대학원 석사학위논문.
손병덕(2005), 『기독교 사회복지』, 서울: 대한예수교장로회총회 출판부.
영락사회복지재단연구팀(2005), 『교회와 크리스천의 사회복지 실천』, 서울: 영락사회복지재단.
유수현(1996), 한국교회와 사회사업의 실천, 『세상에는 참 좋은 교회도 많더라』, 서울: 도서출판 기윤실.
유장춘(1999), "미국교회의 교회사회사업 양상과 그 한국적 적용", 『기독교사회복지』 제8호 1권, 서울신학대학교 기독교사회복지연구소.
______(1998), "교회와 복지관 연계로 보는 사회사업", 대전: 월평종합사회복지관 5주년 기념세미나자료.
안정열(1999), "저소득층을 위한 교회사회사업 프로그램에 관한 연구", 『기독교사회복지』, 부천: 서울신학대학교.
이상은(2003), "지역교회 노인들의 영적 안녕과 외로움, 생활만족과의 관계", 고신대학교 대학원 석사학위논문.
이종우(1999), "새천년을 위한 한국의 교회사회사업 실천모델에 관한 연구", 부천: 서울신학대학교.
이현영(2005), "노인의 자아통합감과 영성의 관계 연구", 이화여자대학교 대학원 석사학위논문.
이해영(1988), 『영국의 사회복지』, 서울: 서울대학교 출판부.
조흥식(2005), "청소년 사회봉사단 프로그램", 『교회사회복지 실천 사례집』, 서울: 도서출판 기윤실.
최순남(1998), "교회 사회봉사 프로그램 실천을 위한 계획과정에 관한 연구", 한신논문집, 15(1), pp. 359-390.
최성재(1996), "교회사회봉사사업의 계획과 실천", 대한예수교 장로회 총회 사회부 편, 『기독교사회봉사의 신학과 실천방법』, 광주: 한일신학교 사회부.
독일개신교연합교회청, 홍주민 역(2005), 가슴 그리고 입 그리고 행동 그리고 삶-디아코니아의 근거, 과제 그리고 미래적 전망, 〈개신교 각서〉 출판 예정.
大島未男(1986), KARL BARTH · 사람과 思想 75, 清水書院, Tokyo.
W. E. Hordern 著 布施壽雄 譯(1969), 『現代基督敎神學入門』, 日本基督敎, Tokyo.
嶋田啓一郎(1976), '自願奉仕活動의 思想的 展開', 『社會福祉硏究』 제18호, 鐵道弘濟會, Tokyo.
Canda, E.(1999), "Spirituality and Social Work: A Global Opportunity", 『사회복지』, 1(1), pp, 19-26.
Canda, E. & Canda. H.(1996), "Korean Spiritual Philosophies of Human Service: Current State and Prospects", *Social Development Issues*, 18(3), pp. 53-70.

Ellison, C. W.(1983), "Spiritual Well-being: Conceptualization and Measurement", *Journal of Psychology and Theology*, 11(4), pp. 330-340.

Hendry, S. J.(2002), "Ruined for life: The spirituality for the Jesuit Volunteer corps", Graduate theological union.

http://www.churchofscotland.org.uk(스코틀랜드 교회)

http://www.diakonie.co.kr(독일 개신교 사회봉사국)

http://www.salvationarmyusa.org(미국 구세군)

http://www.lutheranservices.org(미국 루터교)

http://www.lssmn.org(미국 루터교 LSS 사회복지시설)

http://www.whitehouse.gov/government/fbci(미국 백악관 내 FBCI)

http://www.fastennetwork.org(미국 FASTEN네트워크)

http://www.bu.edu/ssw(미국 보스톤 대학교 사회사업학과)